AF145873

Gustav Schenke

Die logischen Voraussetzungen und ihre Folgerungen in Kants Erkenntnisslehre

Gustav Schenke

Die logischen Voraussetzungen und ihre Folgerungen in Kants Erkenntnisslehre

ISBN/EAN: 9783743431294

Hergestellt in Europa, USA, Kanada, Australien, Japan

Cover: Foto ©ninafisch / pixelio.de

Weitere Bücher finden Sie auf **www.hansebooks.com**

Die
logischen Voraussetzungen und ihre Folgerungen

in

Kant's Erkenntnisslehre.

Inaugural-Dissertation

zur

Erlangung der philosophischen Doctorwürde

verfasst

und mit Genehmigung der philosophischen Facultät
der vereinigten Friedrichs-Universität
Halle-Wittenberg
mit den Thesen öffentlich zu vertheidigen

am

VIII. Januar MDCCCLXXVI Vormittags 11 Uhr

von

GUSTAV SCHENKE,
Predigtamtscandidat,

aus Sagan,

g e g e n

KARL CLEVE, Stud. theol.,
ADOLPH MUELLER, Stud. phil.

HALLE.
Druck von E. Karras.

Sr. Hochehrwürden

Herrn Pastor Pirscher,

Institutsvorsteher zu Lähn,

aus dankbarer Verehrung

gewidmet.

Der Versuch Kant's, die allgemeine Logik als Leitfaden in die kritischen Untersuchungen des Erkenntnissvermögens einzuführen, hat eine verschiedene, meist ungünstige Beurtheilung erfahren. Es handelt sich dabei namentlich um seine Ableitung der Kategorien von den logischen Urtheilsformen. Sie nennt Herbart einen ganz einzeln stehenden Missgriff, durch seine-Verlegenheit veranlasst, da sich ihm die rechte Hilfe nicht sogleich dargeboten hätte. Trendelenburg tadelt die Ableitung der Kategorien allein aus den Urtheilsformen. Diese seien nur subjectiv. Dadurch habe sich in Kant der Irrthum, dass vor subjectiver Zuthat das Ding an sich nicht erkannt werden könne, nur mehr verfestigt. Nach Bona Meyer ist die Benutzung der logischen Empirie bei der Aufsuchung. der Kategorien eine irrige; die nothwendigere Berücksichtigung der psychologischen Empirie habe darunter gelitten. Dagegen ergreift Lotze Partei für Kant: „Nirgends, obwohl die neuere Speculation wenig zur Anerkennung dieser Thatsache geneigt ist", sagt er, „findet sich ein Erkennungszeichen für die Erkenntnissformen als in der Betrachtung der reinen Denkformen. Es wird möglich sein, sich dieser reinen Formen bewusst zu werden und die in ihnen liegenden Gedanken zu entwickeln. Wenn auch diese einfache Ansicht Kant's durch die Verbindung mit einer wunderbaren Psychologie und durch untergeordnete Mängel manchem Tadel unterlegen hat, so muss sie doch aufrecht erhalten werden, so lange von factischen Voraussetzungen die Rede ist." Dieser vollständige, noch ungelöste Widerspruch in der bisherigen Kritik Kant's, in einem Punkte zumal, auf welchen er selbst einen sehr hohen Werth legte, die abschätzigen Urtheile über ihn insbesondere

2

geben Veranlassung, den Gegenstand des Streites ei〟
naueren Kenntnissnahme zu würdigen, als gewöhnl〟
schieht. Es soll in dem Folgenden über die logische
aussetzungen Kant's sammt ihren Folgerungen, wie 〟
in der „Kritik der reinen Vernunft“ und in den „P
menen zu einer jeden künftigen Metaphysik“ finden, 〟
erstattet werden. Die Aufgabe soll in der Beantw
folgender drei Fragen bestehen:

I. Welche logischen Voraussetzungen hat Kant in
    Kritik des Erkenntnissvermögens gemacht?
II. Welche Folgerungen hat er daraus gezogen?
III. Mit welchem Rechte ist dies geschehen?

I.

Auf das Wesen des logischen Denkens hatte Ka〟
sein Augenmerk gerichtet. Die erste seiner wich
kritischen Schriften: „Die falsche Spitzfindigkeit de
syllogistischen Figuren“, vom Jahre 1762, beschäftigt s
reits mit der Natur der reinen Denkformen. In ihr〟
finitionen, sowie in der Bestimmung ihres Verhältni〟
den Formen des Erkennens liegen im Wesentlichen
späteren Anschauungen, welche den Gegenstand dies
trachtungen bilden sollen, schon vorgebildet. Er sie
in Widerspruch mit der gewöhnlichen, schulmässige
logistik und benutzt sogleich in kritischem Interes
Ergebnisse seines Nachdenkens, um die Syllogistil
„unnützen Plunder“, aus der Philosophie zu entferne〟
Einsicht in das logische Erkennen macht ihm den
schied des realen Erkennens bemerklich. Das 〟
Grundgesetz der Identität ist nicht zugleich das Ges〟
Verbindung realer Gründe und realer Folgen. In
nächsten Schrift: „Versuch die negativen Grössen
Weltweisheit einzuführen“ (1763) unternimmt er, vore
Unterschied der negativen Grössen von der logisch〟
neinung festzustellen. So ist auch weiterhin die f
Logik hauptsächlich ein Stützpunkt für seine kri
Untersuchungen. Die Wichtigkeit, welche sie in diese
ten Periode seiner philosophischen Entwickelung erlan〟

steigert sich in der Kritik der reinen Vernunft. In seinem
Bestreben, die verschiedenen wissenschaftlichen Disciplinen
genau zu unterscheiden, nimmt Kant bei der Feststellung
des Begriffes einer transcendentalen Logik gewissenhaft auf
die rein logischen Bestimmtheiten des Denkens Rücksicht.
Im weiteren Verlaufe seiner Untersuchungen orientirt er
sich öfter an der formalen Logik, weist auf ihre beschränkte
Leistungsfähigkeit hin, um Missverständnissen auszuweichen,
denen Andere, die dogmatischen Metaphysiker, mit ihren
ungerechtfertigten Anwendungen logischer Begriffe innerhalb
der Metaphysik unterlegen sind. Wo er von der allgemeinen
Logik positiven Gebrauch macht, vergisst er nicht, zugleich
auf die Natur ihrer Bestimmungen näher einzugehen. So
hat er fast überallhin in seine Ausführungen logische Be-
merkungen eingestreut. Sie bestimmen alle, mehr oder
weniger, die Entscheidung der Hauptfragen, oder sollen dazu
dienen, die Entscheidungen der Kritik ins rechte Licht zu
stellen. Zur leichteren Uebersicht will ich das sachlich
Zusammengehörige zusammenfassend, soweit Kant dazu die
Hand bietet, nunmehr über sie als Voraussetzungen be-
richten.

Zunächst die allgemeinen Bestimmungen. Die Wissenschaft der allgemeinen Logik hat zu ihrem Gegenstande
das Denken; aber nicht das Denken in allen seinen Beziehungen, sondern, wie schon ihr Name andeutet, in einer
bestimmten, besonderen Richtung. Unser alltäglicher Ge-
dankenlauf wird auf die mannigfaltigste Weise beeinflusst
durch die schwankenden Gefühle, das Spiel der Einbildungskraft, den grösseren oder geringeren Grad der Treue und
Sicherheit des Gedächtnisses, durch die Macht der Gewohn-
heit, durch Neigungen und Vorurtheile. Von allen diesen
psychologischen Bestimmtheiten des Denkens soll hier nicht
geredet werden. Dies gereicht der Logik nur zum Vortheil.
Um Regeln für das Denken unter diesen Umständen aufzustellen, bedürfte es einer nur auf dem Wege der Erfahrung zu erlangenden Erkenntniss des psychologischen Mecha-
nismus, wie er sich in allen unseren Lebensäusserungen
wirksam erweist. Durch Erfahrung kommen wir aber nie-

mals zu einem Abschlusse unserer Erkenntnisse, zur vollen Wahrheit. Vielmehr wollen die Denkregeln der allgemeinen Logik a priori sein. Das Denken soll betrachtet werden, wie es unter allen Stimmungen des Gemüthes, die nicht blos wirklich, sondern auch nur möglich sind, dasselbe bleibt und sich damit als von denselben unabhängig und seiner selbst gewiss darstellt. Das Denken bleibt dabei in seinem eigenen Gebiete; die Denkregeln werden aus seiner eigenen Natur hergeleitet und bedürfen nicht der zweifelhaften Hilfe von aussen her. Als solche, als so zu sagen angeborene Wahrheiten treten sie auf. Man könnte einwenden: das macht keinen Unterschied aus; denn ihrer können wir ja auch nur durch Reflexion, Selbstbesinnung, also innere Erfahrung bewusst werden. Gewiss, aber das macht den Unterschied aus, dass wir sie dann als zum Wesen des Menschen gehörige und nicht durch äussere Einflüsse bewirkte und bedingte wahrnehmen. Dies soll wol der Sinn des Apriorischen der logischen Denkregeln an der angezogenen Stelle sein. Wir werden also hier einige Einsicht in die Natur des menschlichen Verstandes, dessen Thätigkeit das Denken ist, zu erlangen hoffen dürfen [1]).

Indessen ist auch diese Fassung des Denkens noch zu weit. Man unterscheidet ferner beim Denken den gedachten Gegenstand nebst der Empfindung in Folge der Einwirkung eines wirklich vorhandenen Gegenstandes von der Art und Weise, in welcher der Gegenstand von Seiten des Denkens gedacht wird; kurz den Inhalt der Gedanken von ihrer Form. Danach stellt Kant den empirischen Begriffen die reinen Begriffe gegenüber. Jene sind die Begriffe mit Bezug auf ihren empfundenen Inhalt, diese die Begriffe mit Bezug auf ihre Form. Gegen den Inhalt und zwar gegen all und jeden Inhalt der Gedanken schliesst sich die allgemeine Logik ab. Sie untersucht nur die reinen Begriffe, ebenso nur die Form der Urtheile und Schlüsse, der beiden andern hauptsächlichsten Denkformen. Das Gebiet der Logik wird

---

[1]) Vergl. Kritik der reinen Vernunft Seite 101 u. 102 und S. 46 (v. Kirchmann).

somit noch enger. Die grössere Armuth an Gegenständen
der Betrachtung wird jedoch durch die grössere Wahrschein-
lichkeit einer genaueren Untersuchung bei einer geringeren
Anzahl der Objecte aufgewogen. Um so sicherer und treffen-
der werden demgemäss die Aussagen der Logik uns erscheinen. Auf einen grossen, bedeutungsvollen Theil der
Wahrheit leisten wir Verzicht, um so werthvoller muss die
Erkenntniss sein, die uns bleibt. Diese abstracte Fassung
des logischen Denkens hat bei Kant die weitgehendsten
Folgen. Er hat sich gerade dadurch vielen Tadel zuge-
zogen.[1])
  Es giebt verschiedene Wissenschaften. So wird auch
in den einzelnen Wissenschaften das Denken, wenigstens
zum Theil, in verschiedener Weise, in jeder Wissenschaft
eigenthümlich, vor sich gehen. Eine Logik des besonderen
Verstandesgebrauchs in einer beliebigen Wissenschaft würde
Regeln enthalten, nur über eine gewisse Art von Gegenständen richtig zu denken. Sie wäre eine Propädeutik für
jene einzelne Wissenschaft. Die allgemeine Logik geht
jedoch auf das Denken überhaupt ohne Rücksicht auf eine
besondere Verfahrungsweise desselben. Die besonderen Regeln des Denkens innerhalb der einzelnen Wissenschaften
können nur einseitige und zufällige sein. Die allgemeine
Logik weist dagegen solche Regeln auf, ohne die jegliches
Denken überhaupt unmöglich wäre, also allgemeine und
nothwendige.[2])
  Was sind nun aber diese reinen Denkformen, ohne die
alles Denken unmöglich wäre, ihrem Inhalte nach? Mögen
Vorstellungen in dem Verstande uranfänglich a priori liegen
oder mögen sie uns empirisch gegeben sein: der Verstand,
eine Kraft wie alle Kräfte der Natur, in seiner Wirksamkeit an bestimmte Gesetze gebunden (Kr. S. 290), braucht
sie alle im Verhältniss gegen einander nach bestimmten
Gesetzen, wenn er denkt. In dem Bewusstsein sind also
Vorstellungen zusammen. Der denkende Verstand bemäch-
tigt sich ihrer und stiftet zwischen ihnen nach Gesetzen

---

[1]) Kr. S. 99 ff., 118, 165, 294. [2]) Kr. S. 101.

Verhältnisse, Beziehungen. Was vorher nur zusammen war
ohne Rechtsgrund, das erscheint jetzt als geordnet und zu-
samm ngehörig. In diesem Beziehen der Vorstellungen auf
einander besteht die Thätigkeit des Verstandes. Er erzeugt
dadurch nicht einen neuen Inhalt neben den ihm gegebenen
Vorstellungen, sondern für die gegebenen Vorstellungen
allein die gesetzmässigen Formen ihres Zusammenseins in
unserem Bewusstsein. In diese Formen treten die Vorstellungen ein, wenn sie gedacht werden, und diese Formen
verschafft ihnen seinerseits der denkende Verstand. Das
sind jene reinen Denkformen nach ihrem Inhalte.[1])
   Die allgemeine Logik setzt sie als gegeben voraus.
Sie fragt nicht nach ihrem Ursprunge im Verstande selbst,
auch nicht nach ihrer Giltigkeit betreffs der Wahrheit oder
Unwahrheit der Erkenntnisse, die man vermittelst derselben
erlangt; sondern sie fragt: welches sind die allgemeinen
und nothwendigen Formen des Denkens, in die wir alle
Empfindungen fassen, wenn wir denken?[1]) Wie sollen wir
demnach denken, wenn wir richtig denken wollen? Zur
Beantwortung dieser Frage gelangt sie durch Auflösung der
thatsächlich gegebenen Denkformen in ihre Bestandtheile,
ihre Elemente.[2]) Die Auflösung eines Ganzen in seine
Theile heisst Analysis. Indem die allgemeine Logik die
Begriffe, Urtheile, Schlüsse in ihre Elemente auseinanderlegt,
um daraus die Gestaltungen des Denkens kennen zu lernen,
wird sie die von uns alltäglich gebrauchten Verstandesformen analysiren. Und dies ist eine so umfangreiche und
wichtige Aufgabe, dass ihre Lösung einen Haupttheil und
zwar den ersten Haupttheil der allgemeinen Logik ausmacht,
und derselbe von der Methode, welche dabei angewendet
wird, den Namen Analytik empfängt.[3])
   Die Denkgesetze sollen allgemein und nothwendig sein,
d. h. sie sollen allenthalben so und nicht anders wirksam
und ihr Gegentheil unmöglich sein. Nur durch sie ist unser
Denken möglich und ihr Vorhandensein der Anfang aller
Erkenntniss. Würden unsere Gedanken ihnen widersprechen,

---

[1]) Kr. S. 103.   [2]) Kr. S. 106, 166, 53.   [3]) Kr. S. 105 ff.

so würde bei uns vom Denken nicht die Rede sein können und unsere Resultate wären so gut wie nichts. Unser Vorhaben würde in sich selbst zerfallen. Jeglicher Widerspruch wider die Denkgesetze ist mit dem Irrthume gleichbedeutend. Oder, die Kehrseite dieses Verhältnisses hervorzuheben: an der Uebereinstimmung unserer Gedanken mit denselben erkennen wir zum ersten ihre Wahrheit. Sie sind also Kriterien, Erkennungszeichen der Wahrheit.[1] So weit reicht die praktische Tragweite der formalen Denklehre, dass sie nicht nur Wahrheit und Irrthum zu verbannen vermag, sondern auch dazu befähigt, Wahrheit zu erkennen. So besitzen wir in dem sogenannten Satze des Widerspruches ein allgemein giltiges, völlig ausreichendes Princip alles analytischen Erkennens.[2] Was diesen Kriterien der Wahrheit widerspricht oder gemäss ist, ist schon deswegen falsch oder wahr, weil der Verstand dabei seinen allgemeinen Regeln des Denkens, mithin sich selbst widerstreitet oder treu bleibt.[3]

Hier reden wir allein von der formalen Wahrheit. Man hat nämlich auch bei ihr Form und Inhalt wohl zu unterscheiden[4]. Die formale Wahrheit besteht in der Uebereinstimmung der Erkenntniss mit den formalen Denkgesetzen, die materiale Wahrheit in der Uebereinstimmung der Erkenntnisse mit ihren Gegenständen, ein höchst bemerkungswürdiger Unterschied, der verhängnissvoll wird, wenn man ihn nichtachtet. Zwar ist im Gebiete der formalen Wahrheit auch Irrthum und Schein möglich. Man denke an die Trugschlüsse, welche die Vernunftform nur nachahmen. Indess die Schuld daran trägt nur der Mangel an Aufmerksamkeit auf die logische Regel. Man darf sie nur schärfen, dann verschwindet der Irrthum.[5] Denn keine Kraft der Natur, wie ja die Denkkraft des Menschen eine ist, kann von selbst von ihren eigenen Gesetzen abweichen.[6] Also der Werth der logischen, formalen Wahrheit bleibt unantastbar.

---

[1] Kr. S. 106.   [2] S. 178.   [3] S. 106.   [4] S. 105 u. 106.   [5] S. 292.
[6] S. 290.

Aber man scheidet eben nicht immer den Inhalt der Erkenntniss von ihrer blossen Form. Man hält formale Wahrheiten für reale. Da verkehrt sich die logische Wahrheit sofort in Irrthum und Lüge. Es leidet ja keinen Zweifel, wenn einmal die allgemeine, formale Logik nur die Gedankenformen in Betracht zieht und ausdrücklich alle Berücksichtigung des mannigfaltigen Inhaltes ablehnt, so reicht ihre Befugniss, über Wahrheit und Irrthum zu entscheiden, nicht über die Grenzen des formalen Denkens hinaus in das Gebiet sachlicher Erkenntnisse. Ihre Regeln werden somit nur negative Bedingungen der Wahrheit, ihre conditio sine qua non enthalten; positiv d. h. inhaltlich und sachlich tragen sie zur Vermehrung unserer Erkenntnisse nichts bei. Als Kennzeichen der Wahrheit sind sie nicht zugleich Bestimmungsgründe [1] für sie.[2] Logisch darf ich alle möglichen Merkmale zu Begriffen zusammenreimen, kann mir eine Figur von nur zwei Seiten gebildet denken[3], eine Welt ohne den Causalzusammenhang zwischen den einzelnen Dingen. Ob es in der Anschauung, in der Wirklichkeit den Gedanken entsprechende Gegenstände giebt, bleibt dennoch äusserst zweifelhaft. Man darf logisch alle möglichen Begriffe zu Urtheilen verbinden, die sich nicht wie a und non a widersprechen; nur soll man nicht hoffen, dass ihre Gegenstände in der Wirklichkeit mit einander verbunden sind. Ein Urtheil kann auf diese Weise von allem inneren Widerspruche frei und nichtsdestoweniger falsch oder grundlos sein.[4] Der Satz des Widerspruches, nach welchem keinem Dinge ein Prädicat zukommt, welches ihm widerspricht, gilt nur, falls man auf den sachlichen Inhalt der Erkenntniss nicht reflectirt, sondern allein auf ihre Form. In dieser Beschränkung ist er ein Grundsatz in der formalen Logik, ausserhalb derselben ohne Fug und Recht.[5] Die Elemente der formalen Verstandes- und Vernunftthätigkeit stellt die allgemeine Logik als Principien aller logischen Beurtheilung unserer Erkenntniss dar.[6] Gleichwohl darf

---

[1] Kr. S. 178. [2] S. 106 ff. [3] S. 231. [4] S. 177 f. [5] S. 178.
[6] S. 106.

man aus der Uebereinstimmung unserer Erkenntniss mit den Gesetzen des Verstandes und der Vernunft, der formalen Wahrheit, keinerlei Folgerungen herleiten wollen für ihre Uebereinstimmung mit ihrem Gegenstande, die materiale Wahrheit.[1]) Letztere besitzt nicht einmal für sich selbst ein allgemeines Kennzeichen. Denn ein solches würde sich selbst widersprechen.[2])

Wenn nun Jemand, ohne sich vorher eine genaue Kenntniss von den Dingen durch Erfahrung erworben zu haben, schon darin den Beweis der vollen und ganzen Wahrheit seiner Behauptungen geliefert zu haben meint, dass er sie nur aus logischen Mitteln bewiesen, so hat er sich getäuscht. Und derjenige, welcher den Besitz formaler Wahrheit ausnützt zum Beweise der Wahrheit sachlicher Erkenntnisse, giebt Schein für Wahrheit aus und treibt Blendwerk. Eine solche zweideutige Kunst ist Sophistik. Es liegt viel Verleitendes in ihrem Besitze. Um ihrer gefährlichen Folgen willen ist sie wichtig genug, in der allgemeinen Logik besonders behandelt und in ihrer Blösse und Nichtigkeit aufgedeckt zu werden. So entsteht ein neuer Theil neben der Analytik: die Dialektik, die Logik des Scheins.[3])

Die Analytik wiederum zerfällt in die Lehre vom Begriffe, von den Urtheilen und von den Schlüssen.[4]) Unsere Erkenntniss nämlich, sagt Kant, hebt von den Sinnen an, geht von da zum Verstande und endigt bei der Vernunft.[5]) Der Verstand ist hier in weiterem Sinne gefasst; er begreift den Verstand im engeren Sinne, nämlich das Vermögen der Begriffe, und die Urtheilskraft in sich. Diese beiden bilden mit der Vernunft die drei oberen Erkenntnissvermögen des Menschen. Mit dieser Eintheilung, sagt nun Kant, trifft die Eintheilung der allgemeinen Logik ganz genau zusammen. Sie handelt in ihrem ersten Haupttheile von den Functionen des Verstandes, den Begriffen, zweitens — der Ordnung jener Gemüthskräfte ganz entsprechend — von den Functionen der Urtheilskraft, den Urtheilen, drittens von denen der Vernunft, den Schlüssen.[6])

---

[1]) Kr. S. 105. [2]) S. 106. [3]) S. 107 f. [4]) S. 164. [5]) S. 294. [6]) S. 164.

A. Die Lehre von den Begriffen.

Alle unsere Erkenntniss ist eine Erkenntniss durch Begriffe, nicht intuitiv (Erkenntniss durch Anschauung), sondern discursiv. Was hat man unter diesen Begriffen zu verstehen? Der Begriff beruht zunächst nicht auf einer Affection, wie die sinnliche Anschauung. Das heisst: er entsteht nicht unmittelbar durch einen Eindruck auf unsere Sinne, den wir durch die Einwirkung etwa eines Gegenstandes ausser uns erleiden —, so meinen es die Sensualisten. Sondern er beruht auf einer Function. Unter Function versteht Kant eine in sich einige Handlung, wodurch verschiedene Vorstellungen unter einer gemeinschaftlichen geordnet werden. Während die Anschauungen auf unsere Empfänglichkeit gegen Eindrücke von Aussen sich gründen, sind die Begriffe demnach die Ergebnisse des Denkens als einer spontan wirkenden Thätigkeit des Geistes. Die Begriffe wären danach diejenigen vom Verstande gestifteten Ordnungen oder Verhältnisse der gegebenen Vorstellungen unter einander, wonach verschiedene Vorstellungen immer unter einer entsprechenden gemeinschaftlichen Vorstellung zusammengefasst sind. In dem Begriffe ist ebendasselbe Bewusstsein als in vielen Vorstellungen enthalten anzutreffen, d. h. im Begriffe, der gemeinsamen Vorstellung, stellt man sich die Identität des Bewusstseins in den mannigfaltigen und verschiedenen Vorstellungen selbst vor.[1]) Der Begriff gilt somit für viele Vorstellungen. Er enthält die Merkmale, die vielen Vorstellungen gemeinsam angehören. Von den verschiedenen und ungleichen Merkmalen hat man in ihm abstrahirt. Daraus folgt, dass sich unsere Begriffe nimmermehr auf die Dinge, die sie betreffen, unmittelbar beziehen. Nur in den Anschauungen, Einzelvorstellungen berühren wir uns mit den auf uns wirkenden Dingen. Wenn keine Einzelvorstellung, indem sie in den Begriff aufgenommen wird, unangetastet bleibt, nur das ihr mit anderen Einzelvorstellungen Gemeinsame in den Begriff übergeht, ihre Besonderheit wie ein incommensurabler Rest zurückbleibt: so entspricht einer

---

[1]) Kr. S. 142 Anm.

derartigen verstandesmässigen Verbindung kein einziges
Ding.[1]) Darum sind alle Begriffe leer[2]), wenn nicht die
Wirklichkeit dessen, was sie meinen, anderweitig nachgewiesen worden ist. Von jeglicher Beschaffenheit ihrer Inhalte, ja sogar von dem Dasein ihnen entsprechender Dinge
ist in ihnen gar nichts ausgesagt, wären sie auch noch so
vollständig gebildet, dass nicht das Mindeste daran ermangelte. Man darf daher nach Kant nur sagen: alle seitens der formalen Logik richtig gebildeten Begriffe sind möglich, nicht: wirklich. Die Wahrnehmung, welche den Stoff
zum Begriffe hergiebt, ist der einzige Charakter der Wirklichkeit.[3])

Alle Begriffe insgesammt werden durch drei logische
Principien beherrscht: durch das Princip der Homogeneität,
der Specification und der Continuität oder Affinität. Nach
dem ersten bilden alle Begriffe zusammen eine einzige, allgemeine Gattung. Alle Begriffe enthalten ein einziges Gemeinsames, welches sie zu einer inneren Einheit verbindet.
Dies Princip der Einheit ist jedoch nicht denknothwendig;
es besteht für uns nur als Thatsache. Sein völliges Gegentheil wäre ebensogut denkbar. Neben dem Princip der
Gattung und ihm gegenüber steht das Princip der Specification, der Arten. Ungeachtet der Uebereinstimmung der
Begriffe unter derselben Gattung geht es auf die Mannigfaltigkeit und Verschiedenheit derselben. Die Gattung enthält danach verschiedene Arten, die Arten wieder verschiedene Unterarten und so fort, unbestimmt, wie weit. Denn
auch ein letzter, äusserster Begriff wäre, weil verschiedenen
Dingen gemeinsam, unbestimmt, also noch immer bestimmbar.
Durch das erste Princip entsteht eine Einheit von Begriffen,
ein System; wenn man aber von der Gattung anhebend zu
dem Mannigfaltigen, welches darunter enthalten ist, herabsteigt so weit als möglich, so verschafft man dem Systeme
Ausbreitung. Letzteres erzeugt die niederen Begriffe. Ohne
die niederen gäbe es keine höheren Begriffe, ohne Einzelheit
keine Allgemeinheit. Doch wie ist es möglich, von der Ver-

---

[1]) Kr. S. 112 f.   [2]) S. 100.   [3]) S. 234.

schiedenheit zur Gleichartigkeit, von der Einzelheit zur Allgemeinheit zu gelangen? Nicht ohne das dritte Princip der Affinität der Begriffe. Es bedingt einen ununterbrochenen Uebergang von einer jeden Art von Begriffen zu der anderen durch stufenweises Wachsen der Verschiedenheit der Begriffe. Durch alle Grade der erweiterten Bestimmung hindurch stammen sie von einer einzigen, obersten Gattung ab. Daher ist alles Mannigfaltige untereinander zugleich verwandt. Auch die beiden letzteren Principien haben die Thatsächlichkeit und keinen andern Grund zur factischen Geltung für sich.[1]

B. Die Lehre von den Urtheilen.

Jedes Urtheil enthält zunächst einen Begriff, der wie gesagt für viele Vorstellungen gilt und unter diesen mannigfaltigen Vorstellungen auch für eine gegebene. Die gegebene Vorstellung wird im Urtheile durch den Begriff vorgestellt. Jene tritt als das Subject auf, dieser als das Prädicat. Was bedeutet eine derartige Vorstellung von einer Vorstellung? In Bezug auf ihren Gegenstand eine Erkenntniss desselben. Denn die Verbindung von einem Begriffe und einer Einzelvorstellung trifft von Seiten der letzteren den Gegenstand selbst, so dass ihn der Verstand begreift. Die Erkenntniss desselben ist jedoch keine unmittelbare, sondern eine mittelbare, weil andrerseits im Prädicate auch, statt einer unmittelbar auf ihn gerichteten Vorstellung eine höhere, welche ausser dieser mehrere andere unter sich begreift und nie auf einen Gegenstand unmittelbar geht, ein Begriff zur Erkenntniss des betreffenden Gegenstandes gebraucht wird. Das Urtheil ist mithin die mittelbare Erkenntniss eines Gegenstandes. Der Begriff allein ist noch keine Erkenntniss; erst das Urtheil verwandelt gegebene Vorstellungen in Erkenntnisse von Objecten. Kant erläutert dies durch das Beispiel: alle Körper sind theilbar. Der Begriff der Theilbarkeit lässt sich auf verschiedene Gegenstände anwenden; solche sind auch die Körper. Der Begriff „Körper" ist in diesem Falle die gegebene Vorstellung. Er bezieht sich einerseits

---

[1]) Kr. S. 514 ff.

wiederum auf eine Menge uns vorkommender Erscheinungen. Alle diese unzähligen Gegenstände werden durch den Begriff „Theilbarkeit" mittelbar vorgestellt. Kant folgert hieraus die Bedeutung des Urtheils mit Rücksicht auf die dabei angewendete Denkform. Viele Gegenstände werden durch Einen Begriff vorgestellt und dadurch viele mögliche Erkenntnisse, besser Vorstellungen, in eine zusammengezogen. Urtheilen heisst demnach viele Vorstellungen in eine zusammenziehen. Das Urtheil ist eine Verbindung mehrerer Vorstellungen in einer einzigen, eine Ordnung unter denselben, und wenn eine geordnete Verbindung Einheit heisst, so ist es kurz eine Einheit von Vorstellungen. Begriffe sind nur ein fertiger Besitz des Verstandes, das Verbinden der Vorstellungen eine Handlung. Daher erklärt Kant das Urtheil als eine Function der Einheit unter mehreren Vorstellungen d. h. als ein Verbinden von mehreren Vorstellungen zu einer in sich abgeschlossenen Einheit. [1]) Die zur Einheit mit einander verbundenen Vorstellungen sind jedoch nicht blos Begriffe. Kant tadelt in einem anderen Zusammenhange [2]) die Erklärung des Urtheils als eines Verhältnisses von Begriffen. Diese Definition wäre zu eng. Urtheile selbst werden in ähnlicher Weise einheitlich mit einander verbunden, so in den hypothetischen und disjunctiven Urtheilen.

So lange nicht angegeben ist, von wem und wo man sich die Verbindung von Vorstellungen beim Urtheilen vollzogen denken soll, bleibt noch ein grobes Missverständniss möglich. Nämlich nicht allein der Verstand, auch die reproductive Einbildungskraft bewirkt nach Gesetzen, nach den Gesetzen der Association eine Vereinigung von Vorstellungen. Letztere hat mit jener oben auseinandergesetzten so wenig gemein, dass sie des logischen Characters vollständig entbehrt. Ein Beispiel möge dies beweisen. Wenn man einen Körper trägt, so erleidet man einen Druck und muss nach den Gesetzen der Einbildungkraft sagen: wenn ich einen Körper trage, so fühle ich einen Druck der Schwere; zu der Aussage: „der Körper ist schwer" hat man kein Recht.

---

[1]) Kr. S. 112 u. 113.   [2]) S. 145, § 19.

Daran lässt sich nichts ändern, auch wenn das Tragen des Körpers noch so oft wiederholt würde. Solche Verbindung von Vorstellungen besteht nur während der Wahrnehmung des Druckes der Schwere vermöge der sensiblen Nerven; sie ist eine rein subjective und das Ganze ein psychologischer Vorgang. Der Verstand muss zwei oder mehrere Vorstellungen verbunden haben, wenn ihre Vereinigung ein Urtheil ausmachen soll. Sein Thun hat einen ganz andern Sinn. Er verlegt die Vereinigung der Vorstellung in ihr Object. „Der Körper ist schwer" lautet die Aussage des urtheilenden Verstandes, der Körper an sich, ganz abgesehen davon, ob er von einem Subjecte getragen wird oder nicht, ob man seine Schwere wahrnimmt oder nicht. Die Verbindung ist eine objective. Die logische Function der Urtheile besteht darin, dass in ihnen der Verstand das Mannigfaltige gegebener Vorstellungen (Anschauungen oder Begriffe) unter eine Apperception, zu einem Bewusstsein überhaupt bringt[1]). Der Verstand verbindet die Vorstellungen in dem Bewusstsein kraft seiner eignen Einheit. Die Einheit des Verstandes ist eine nothwendige, also auch seine Vereinigung von Vorstellungen; eine empirische Anschauung kann nicht auf nothwendige Weise verbinden. Die Einheit der Vorstellungen im Urtheile ist sonach eine objectiv gültige, nothwendige. Eine solche muss jene psychologische Einheit, nach welcher Vorstellungen blos zusammen sind, werden, wenn sie zugleich eine logische, nach welcher sie zusammengehören, sein will. Sprachlich finden wir das logische Verhältniss der Begriffe in Urtheilen durch die Copula „ist" ausgedrückt[2]), welche nur[3]) die vom Verstande vollzogene objective Verbindung der Vorstellungen anzeigt und nicht noch ein Prädicat obenein ist, das einen neuen Begriff enthielte, der mit dem Subject- und Prädicatbegriffe auf gleicher Linie stehend zu ihnen noch hinzukäme.

Gegenstand eines Urtheils nun kann alles Denkbare werden. Alle Begriffe sind Prädicate zu Urtheilen, deren Subject nur noch unbestimmt ist[4]); zum logischen Prädicate

---

[1]) Kr. S. 146, § 20.   [2]) S. 145 f.   [3]) S. 480.   [4]) S. 113.

kann alles dienen, was man will, sogar das Subject kann
von sich selbst prädicirt werden[1]). Subject hinwiederum
wird auch alles ohne Ausnahme werden können. Dieser
Umstand, möchte ich, um auf Späteres schon hinzuweisen,
im kantischen Sinne hinzufügen, verallgemeinert und erwei-
tert theils den Gebrauch der Urtheilsformen, theils schwächt
er, sucht man durch Urtheile Erkenntnisse, bedeutend ihren
Werth. Gemäss dem allgemeinen Gesetze der allgemeinen
Logik, dass sich die Gedanken unter einander nicht widersprechen dürfen, ist hier jede Verbindung aller möglichen
Vorstellungen seitens des Verstandes erlaubt, wofern nur
Subject und Prädicat von vornherein keinen inneren Widerspruch in sich tragen. Ein solcher entstünde zum Beispiel[2]), wenn man in einem identischen Urtheile durch die
Negation das Prädicat aufhebt und das Subject, wie es ist,
behält. So etwas darf in einem Urtheile nicht vorkommen.
Die Behauptung ginge freilich zu weit: es sei ein Widerspruch, sammt dem Subjecte das Prädicat aufzuheben. Wo-
gegen sollte sich dieser Widerspruch richten? Es ist ja
nichts mehr vorhanden. Oder etwa gegen die Wirklichkeit?
Dem blos logisch Reflectirenden kommt es aber gar nicht
darauf an, ob sich die Gegenstände der beim Urtheile im
Objecte verbunden gedachten Vorstellungen in Wirklichkeit
verbunden vorfinden. Also bedingt die gleichzeitige Aufhebung von Subject und Prädicat keinen Widerspruch.
Denn die logische Thätigkeit des Verstandes bleibt dabei mit
seinen eigenen Gesetzen in Uebereinstimmung. Das ist das
Entscheidende; darin liegt, zum Theil wenigstens, die Bürg-
schaft, dass wir durch das Urtheilen zur Erkenntniss der
Wahrheit gelangen. Wahrheit und Schein sind nämlich
nicht im Gegenstande, sofern er von uns angeschaut wird,
sondern gerade im Urtheile über denselben, sofern er gedacht
wird. Die Sinne irren nicht, meint Kant im Gegensatz
gegen empirische Skeptiker, wie Hume, aber nicht, weil sie
alle Zeit richtig urtheilen, sondern weil sie gar nicht urtheilen. Daher treffen wir Wahrheit, wie Irrthum und Schein

---

nur im Urtheile d. h. im Verhältnisse des Gegenstandes zu unserem Verstande an. Der Irrthum entsteht durch einen unbemerkten Einfluss der Sinnlichkeit auf den Verstand. Der Verstand allein irrt also auch nicht [1]). Denn er kann von seinen eigenen Gesetzen nicht abweichen. In logisch richtig gebildeten Urtheilen werden wir daher mit Recht Wahrheit suchen dürfen, unbedingte Nothwendigkeit [2]). Die allgemeine Logik steht aber nur für die Richtigkeit der Form der Urtheile ein. Die in ihnen verbundenen Begriffe bilden ihr Material, ihren Inhalt. Dann bleibt als Form übrig die Art und Weise ihrer Verknüpfung. Die Wahrheit und unbedingte Nothwendigkeit der Urtheile, die wir hier zu erwarten haben, beschränkt sich folglich auf diese formale Natur der Urtheile [2]). Dürfen nun alle möglichen Begriffe von uns mit einander verbunden werden, so wird, mag die Erfahrung Fälle von realen Verbindungen aufweisen, so viel sie will, das formale Denken es an sich nie fehlen lassen. Weil aber dasselbe alle Begriffe ohne Unterschied mit einander vereinigt, so liegt umgekehrt der Verdacht der Täuschung auf dem Gebiete der Erfahrungen von Seiten des Denkens um so näher, je öfter man bereits Begriffe in Wirklichkeit nicht verbunden, ihre Gegenstände einander sogar widerstreitend gefunden hat, trotzdem ihre Verbindung die Logik gestattet. Jener Vorzug formaler Vollkommenheit hat diesen Mangel an realer Vollkommenheit zur Begleitung.

Die Art und Weise der Begriffsverbindung oder die „Einheit"[3]), die analytische (d. h. vermittelst der Analysis gefundene) Einheit der Begriffe im Urtheil ist nicht immer dieselbe. Die Urtheile sind nicht nur inhaltlich, sondern auch formal von einander verschieden. Eine genaue und vollständige Bestimmung der verschiedenen Urtheilsformen müsste, wenn sie möglich wäre, für die Erkenntnisslehre von der höchsten Wichtigkeit sein. Man lernte die Thatsache kennen, wie immer der Verstand bei der Verbindung eines Mannigfaltigen gegebener Vorstellungen ver-

---

[1]) Kr. S. 290.   [2]) S. 477.   [3]) S. 113.

führt. Die allgemeine Logik ist im Stande, sämmtliche Urtheilsformen aufzustellen. Man kann bei ihrer Darstellung auf Viererlei sein Augenmerk richten: entweder auf das Subject allein, oder auf
das Prädikat allein, oder auf das Verhältniss zwischen Subject und Prädikat, oder auf das Verhältniss beider zur
menschlichen Erkenntniss. Mehr Gesichtspunkte für die
Betrachtung der Urtheilsformen giebt es nicht.
Von allem Inhalte soll abgesehen werden. Was bleibt
bei der ausschliesslichen Betrachtung des Subjectes dann
noch übrig als der Umfang des Begriffes? Den Umfang
eines Begriffes nennt man logisch seine Grösse. In An-
schung ihrer ist der Begriff entweder ein allgemeiner oder
ein besonderer oder ein einzelner. Wenn er ein allgemeiner
oder ein einzelner ist, so gilt das Prädicat von dem ganzen
Inhalte, den er bezeichnet. Rein logisch würden deshalb
diese beiden Urtheilsformen nicht zu unterscheiden sein.
Allein ihr Erkenntnisswerth ist verschieden. Die allgemeinen Urtheile liefern mehr Erkenntniss als die einzelnen.
Darum, sagt Kant, mag auch die Logik ihre Auseinander-
haltung zulassen und jeder, der einen als allgemeiner Urtheilsform, der anderen als einzelner, in einer vollständigen
Tafel aller Momente des Denkens überhaupt eine besondere
Stelle einräumen. Anders verhält es sich, wenn der Subjectsbegriff ein besonderer ist. Hier gilt das Prädicat nicht
von allen Gegenständen, die er überhaupt meint, sondern
nur von einem Theile derselben. Diese Urtheilsformen, besondere genannt, machen gewiss eine eigene Classe aus.
So haben wir vorläufig unter dem Titel: Quantität der Urtheile — allgemeine, besondere, einzelne.[1])
Es fällt in die Augen, dass dem Begriffe der Grösse
ein höherer Werth zugemessen werden muss als den Begriffen, welche das Material der in Rede stehenden Urtheile
bilden. Er ist es, welcher gegebene Vorstellungen zur
Urtheilsform mit einander verbindet, zur Einheit verknüpft,
welcher also das Urtheil begründet. Er ist die (analytische)

---

[1]) Kr. S. 114 u. f.

Einheit oder der Grundbegriff im Urtheile. In ihm beruht das Wesen solcher Urtheile. In ihm offenbart sich die Thätigkeit des urtheilenden Verstandes, wird seine Natur blossgelegt. (Ich möchte die Namen „analytische Einheitsbegriffe" oder „Grundbegriffe" für diese Begriffe als noch rein logische durchweg festhalten, die Namen „Stammbegriff, Kategorie" sollen zur Bezeichnung ihrer metaphysischen und transscendentalen Natur aufbehalten bleiben.) Der Begriff der Grösse kommt in den drei Urtheilsformen in dreifach verschiedener Weise zum Ausdruck: im allgemeinen Urtheile als der der Allheit, im besonderen als der der Vielheit, im einzelnen als der der Einheit. Die drei Functionen der Einheit in den Urtheilen oder Grundbegriffe der ersten Art, der Quantität, sind demnach: Einheit, Vielheit, Allheit.[1])

Der Prädicatsbegriff sagt immer eine Beschaffenheit des Subjectsbegriffes aus. Insofern redet man von den Urtheilen der Beschaffenheit oder Qualität. Es steht jetzt nicht die Beschaffenheit des Subjectes ihrem Inhalte nach in Frage. Man meint die Verhältnisse, nach welchen eine gewisse Beschaffenheit oder Eigenschaft, Zustand, Thätigkeit einem Subjecte zugesprochen oder abgesprochen wird. Im ersten Falle bejaht man etwas, im zweiten verneint man. Die Urtheile sind daher theils affirmative, theils negative. Das Prädicat an sich kann wieder ein bejahtes oder verneintes sein, ein b oder ein non-b sein, eine für die Zwecke der formalen Logik überflüssige Unterscheidung. Denn es ist dieselbe Handlung, wenn ich ein bejahtes oder in diesem Sinne verneintes Prädicat dem Subjecte zuspreche, in jedem Falle eine Bejahung. Mit Rücksicht auf etwaige erkenntnisstheoretische Folgerungen, meint Kant, dürfte trotzdem die Logik diese Unterscheidung annehmen. Es erscheint, und dies dient zur Rechtfertigung, die Erkenntniss im Prädikatsbegriffe nach dem Schema non-b in ihrer Unendlichkeit durch die vermittelst der Negation vollzogene Aufhebung der Giltigkeit Einer Qualität eingeschränkt. Mithin dürften wol

---

[1]) Kr. S. 121 u. f.

diese einschränkenden oder limitativen Urtheile als eine neue, dritte Urtheilsweise neben jenen bejahenden oder affirmativen und verneinenden unter dem Titel: Beschaffenheit oder Qualität der Urtheile genannt werden.[1]

Aus ihnen lassen sich mit Leichtigkeit die Grundbegriffe herausheben: 1. Realität — aus den bejahenden Urtheilen, 2) Negation — aus den verneinenden, 3) Limitation — aus den beschränkenden. Sie machen die zweite Ordnung der Grundbegriffe als Arten der Qualität aus.[2]

Ferner: Beim Urtheilen setzt man entweder den Prädicatsbegriff in ein bestimmtes Verhältniss zum Subjectsbegriffe, oder es bilden zwei Urtheile ein Verhältniss, so dass ein Urtheil aus dem anderen folgt, oder zwei und mehrere Urtheile, die alle irgend eine Erkenntniss ausmachen. In einfachen Urtheilen heissen die Verhältnisse von Subject und Prädicat kategorische Urtheilsformen. Ein Verhältniss der zweiten Art enthält zwei Sätze. Ob beide an sich wahr seien, bleibt unausgemacht. Es ist nur die Consequenz, die Folge eines Urtheils aus einem anderen, die durch dieses Urtheil gedacht wird. Beispiel: wenn eine vollkommene Gerechtigkeit da ist, so wird der beharrlich Böse bestraft. Ein Urtheil der Art ist hypothetisch. Die zur dritten Klasse gehörigen sind die disjunctiven. Mehrere Sätze bilden eine geordnete Einheit, aber nicht mehr nach dem Gesetze der Abfolge, sondern der logischen Entgegensetzung, sofern die Sphäre des einen die des anderen ausschliesst, und zugleich der Gemeinschaft, sofern sie zusammen die Sphäre der eigentlichen Erkenntniss ausfüllen. Ein Beispiel möge die logische Wechselwirkung der einzelnen Glieder einer Erkenntniss vor Augen führen: Die Welt ist entweder durch einen blinden Zufall da oder durch innere Nothwendigkeit oder durch eine äussere Ursache. Ob sie an sich wahr seien, entscheidet das Urtheil nicht. Die Rücksicht, welche diese Betrachtungen veranlasst, ist die Relation der Urtheile.[3]

Die Analyse des kategorischen Urtheils führt zu den

[1] Kr. S. 115 u. f.　[2] S. 121.　[3] Kr. S. 116 u. f.

2*

analytischen Einheitsbegriffen: Inhaerenz und Subsistenz (substantia et accidens), die des hypothetischen Urtheils zu den Grundbegriffen: Causalität und Dependenz (Ursache und Wirkung), die des disjunctiven liefert die Relation der Gemeinschaft (Wechselwirkung zwischen Handelnden und Leidenden).[1]

Endlich giebt es problematische, assertorische und apodictische Urtheile. Sie sind es, welche ein verschieden geartetes Verhältniss eines der bisher genannten Urtheile zum Erkenntnissvermögen anzeigen. Zu dem Inhalte des Urtheils, soll heissen der Urtheilsform, tragen sie nichts mehr bei; der ist durch die Quantität, Qualität und Relation bereits vollständig bestimmt. In den problematischen Urtheilen nimmt man das Bejahen oder Verneinen als möglich an, d. h. man hat freie Wahl darüber. Die hypothetischen und disjunctiven Urtheile sind unter Anderen problematische. Das assertorische redet von logischer Wirklichkeit oder Wahrheit. Das apodictische drückt logische Nothwendigkeit aus. So wird hier alles gradweise dem Verstande einverleibt. Die Functionen der Modalität — unter diesem Gesichtspunkte stehen jetzt die Urtheile — können eben so viele besondere Denkformen genannt werden.[2]

Ihre Grundbegriffe sind beziehungsweise: die Möglichkeit oder Unmöglichkeit; das Dasein oder Nichtdasein; die Nothwendigkeit oder Zufälligkeit: Alles besondere Fälle der Modalität.[3]

C. Die Lehre von den Schlüssen.

Den Stoff der Anschauung zu bearbeiten und unter die höchste Einheit des Denkens zu bringen, ist die Aufgabe der Vernunft. Ihre Thätigkeit ist, wie die des Verstandes, eine zweifache: eine formale und eine reale. Nach der letzteren bringt sie gewisse Grundsätze hervor, die sie weder den Sinnen, noch dem Verstande entlehnt, sondern aus sich selbst schöpft.

Uns beschäftigt allein die formale Vernunftthätigkeit. Als solche ist sie von den Logikern als das Vermögen,

---

mittelbar zu schliessen, erklärt worden; aber nach Kant zu eng. Sein erkenntnisstheoretisches Interesse fordert eine weitere Definition. Verstand, sagt er, ist ein Vermögen der Regeln, die Vernunft ein Vermögen der Principien. Eine Erkenntniss aus Principien ist diejenige, in welcher das Besondere aus dem Allgemeinen erkannt wird. Was ist ein Vernunftschluss Anderes als die Form der Ableitung einer Erkenntniss aus einem Principe? Die Grundsätze des Verstandes sind ihrem Ursprunge nach keine Erkenntnisse aus Begriffen. Sie würden ohne Anschauung, wie es später auf Grund der logischen Voraussetzungen nachgewiesen werden soll, nicht einmal a priori möglich sein. Synthetische Erkenntnisse aus Begriffen vermag daher der Verstand nicht aufzubringen. Das sind aber die Principien. Die Vernunft bringt sie hervor. Wie der Verstand formal das Mannigfaltige gegebener Vorstellungen nach gewissen Regeln vereinigt, so bringt formal die Vernunft in die Regeln des Verstandes Einheit unter Principien.[1])

Die der Vernunft eigenthümliche Form der Denkthätigkeit ist der Schluss. Bei jedem Schlusse liegt ein Satz zu Grunde. Daran knüpft sich ein zweiter, die Folgerung, die aus jenem gezogen wird. Die Schlussfolge endlich verknüpft die Wahrheit des letzteren unausbleiblich mit der Wahrheit des ersteren. Ohne Vermittelung eines dritten Urtheils kann man auch ein Urtheil aus einem anderen folgern. Diese Form nennt man einen Verstandesschluss. Wenn aber noch ein drittes Urtheil nöthig ist, um eine Folge mit ihrem allgemeinen Grunde zu vermitteln, so heisst der Schluss erst dann ein Vernunftschluss. Da wird denn zuerst eine Regel (die praemissa major) vermöge der Thätigkeit des Verstandes gedacht, unter diese Regel als ihre Bedingung eine Erkenntniss vermöge der Urtheilskraft subsumirt und schliesslich bestimme ich meine Erkenntniss d. h. das Subject der zweiten Prämisse (der praemissa minor) durch das Prädikat der ersten Prämisse, mithin a priori, ohne Nachweis aus der Erfahrung, vermöge der Vernunft.

---

[1]) Kr. S. 294 u. ff.

Das Ergebniss der Folgerung eines besonderen Urtheils aus einem allgemeinen ist der Schlusssatz (die conclusio). [1) Wie man sieht, ordnet die Vernunft Begriffe und Urtheile. Die Sinnlichkeit mit ihren Anschauungen und Einzelvorstellungen ist hier ausgeschlossen. Geht die Vernunft auf Gegenstände, so geschieht dies durch Vermittelung des Verstandes und seiner Urtheile, die sich unmittelbar an die Erscheinungen wenden. Die Vernunfteinheit unterscheidet sich dadurch wesentlich von der Verstandeseinheit, der Einheit einer möglichen Erfahrung. Noch mehr, das Trachten der Vernunft richtet sich auf das Unbedingte. Die Vernunft, logisch thätig, sucht für ihr im Schlusssatze ausgesprochenes Urtheil eine allgemeine Bedingung, die sie als erste Prämisse an die Spitze des ganzen Schlusses stellt. Für dieses allgemeine Urtheil sucht sie zu seiner Begründung ein noch allgemeineres durch den sogenannten Prosyllogismus. Dieses Verfahren ist sie bereit fortzusetzen, so weit es immer angeht, um zu dem bedingten Erkenntnisse des Verstandes das Unbedingte zu finden. Denn, wenn dies gelänge, wäre eine Erkenntniss vollkommen abgeschlossen, wenigstens der Form nach.[2)

Wie der Verstand der Form nach verschiedene Thätigkeiten der Verbindung ausübt, so auch die Vernunft. Die Form der Vernunftschlüsse ist dreifach. Es giebt kategorische, hypothetische und disjunctive Schlüsse. [3) Vielleicht werden diese drei Formen drei Vernunftbegriffe verrathen.

II.

Der zweite Theil des ersten Haupttheiles der Kritik der reinen Vernunft, der weitaus umfangreichste Abschnitt der gesammten Kritik, führt den Namen transscendentale Logik. Schon die Wahl dieses Namens wird den Leser bedeuten, in welchem organischen Zusammenhange mit der Logik überhaupt er sich diese Untersuchungen denken soll. Die Meinung Kant's geht bestimmter aus Aeusserungen her-

---

[1) Kr. S. 296 u. f.   [2) Kr. S. 299 u. f.   [3) S. 297 u. f.

vor wie: man müsse aus dem Verfolge gewisser Untersuchungen erwarten, ob wirklich in der Wirksamkeit der
Vernunft eine Verwandtschaft von der Art als zwischen
dem logischen und transcendentalen Verfahren insgeheim
zu Grunde liege[1]); ferner: die synthetische Einheit der Apperception sei der Verstand selbst, von ihr hänge aller Ver-
standesgebrauch ab, selbst die ganze Logik und nach ihr
die Transcendentalphilosophie. [2]) Gewiss ist es in letzter
Rücksicht derselbe Gegenstand, der beide Wissenschaften
beschäftigt: das Denken, nur dass die transcendentale Logik
das Denken in seiner Verbindung mit seinem Gegenstande,
also das Erkennen kritisirt. So fragt sie nach dem Ursprunge, dem Umfange und der Wahrheit der Erkenntniss.
Inwieweit nun Kant seiner Meinung über die Abhängigkeit
derselben von der allgemeinen Logik einen wissenschaftlichen
Ausdruck gegeben, soll in Folgendem dargethan werden.

Kant legt oft auf Aeusserlichkeiten viel Gewicht.
Darum will ich auch die äussere Einrichtung des Werkes
kurz berühren. Die Eintheilung der transcendentalen Logik
in Analytik und Dialektik [3]) stimmt mit der der allgemeinen
Logik überein. Die Art des wissenschaftlichen Verfahrens
im ersten Theile jener Logik ist ebenfalls eine Zergliederung, zwar nicht mehr der Begriffe in Rücksicht auf ihren
Inhalt zur Verdeutlichung desselben, das gewöhnliche Verfahren in philosophischen Untersuchungen; sondern eine
Zergliederung des Vermögens der Begriffe selbst, des Verstandes, welchem reine Begriffe ursprünglich einwohnen.[4])
Wie demnach die Analytik der allgemeinen Logik die formalen Gesetze des Verstandes entwickelt, ohne die gar kein
Denken stattfinden kann, so trägt diese Analytik die Principien vor, ohne welche überhaupt kein Gegenstand gedacht
werden kann, und sie ist gleichfalls eine Logik der
Wahrheit.[5])

Die transscendentale Logik hat auch ihre Dialektik, eine
Logik des Scheins [5]). Sie dient zur Abwehr des Scheins

---

[1]) Kr. S. 320.   [2]) S. 140 Anm.   [3]) Kr. S. 108.   [4]) S. 110 u. f.
[5]) Kr. S. 108.

der Wahrheit, welcher entsteht, wenn man von formalen Principien des Verstandes einen materialen Gebrauch macht in der irrthümlichen Verwechselung des Erkennens mit dem Denken. Die in der allgemeinen Logik übliche Dialektik beabsichtigt den Schein der Wahrheit bei der blossen Nachahmung der Denkformen zu enthüllen und zu vernichten. Dies ist möglich. Der transscendentale Schein indessen kann nur aufgedeckt, niemals vernichtet werden. Er ist und bleibt eine unvermeidliche Illusion. Dem Astronomen wie dem Laien erscheint der Mond beim Aufgange grösser; aber jener lässt sich dadurch nicht täuschen. In gleicher Lage befindet sich der Transscendentalphilosoph. Die logische und transscendentale Dialektik gehen in ihrem Erfolge weit auseinander.[1])

Mit dieser Eintheilung der transscendentalen Logik kreuzt sich eine zweite nach der Reihenfolge und den Functionen der drei oberen Erkenntnissvermögen. Sie behandelt in ihrer Analytik den Verstand und die Begriffe, darauf die Urtheilskraft und die Urtheile oder Grundsätze, in der Dialektik die Vernunft mit ihren Schlüssen. Sie folgt darin der allgemeinen Logik, wo man jedoch die Schlüsse der Vernunft in der Analytik abhandelt.[2])

Nun zur Sache selbst. Wie bemerkt, ist die transscendentale Analytik in ihrem ersten Theile der Aufsuchung der dem Verstande ursprünglich eigenen, reinen Begriffe gewidmet. Die allgemeine Logik dient dabei als Führer: sie ist der Leitfaden bei der Entdeckung der Verstandesbegriffe.[3])

Um ihre Aufgabe in ihrer vollen Bedeutung zu verstehen, muss man sich den Zusammenhang der kritischen Untersuchungen vergegenwärtigen. Wir empfangen durch das Vermögen der Sinnlichkeit oder das Anschauungsvermögen von Aussen eine Menge der verschiedenartigsten Eindrücke seitens der ihnen etwa correspondirenden Gegenstände — aber, und das ist eine der Grundanschauungen Kant's, ungeordnet. Die Herstellung der Ordnung und Ein-

---

heit in den Empfindungen ist das Werk des Menschen, wozu ihm die Sinnlichkeit die ersten Bedingungen erfüllt. Die Fähigkeit dazu besitzt sie von vornherein in den beiden Formen der Anschauung: Raum und Zeit. In dieselben fallen die Eindrücke und empfangen eine Form. Derartige geformte Eindrücke oder Empfindungen nennt Kant Anschauungen oder Einzelvorstellungen. Ihre eigenthümliche Natur besteht in ihrer Unmittelbarkeit gegenüber den Gegenständen und in ihrer Einzelheit im Verhältnisse untereinander. Nach ihrem Ursprunge beruhen sie auf der Empfänglichkeit unseres Gemüthes. Die Sinnlichkeit ist also kein thätiges Vermögen, sondern sie verhält sich leidend. Alles dies geschieht im Vorhofe unseres Bewusstseins. Die Anschauungen sind blind. Damit wir ihrer bewusst werden, ist die Mithilfe eines zweiten Vermögens vonnöthen. Es fasst das Mannigfaltige der Anschauungen, die einzelnen unmittelbaren Vorstellungen wiederum zusammen und verbindet sie, es denkt die Anschauungen. Dieses von jenem der Art nach (nicht bloss nach dem Grade: so Leibnitz, Locke, Berkley, Hume) verschiedene Vermögen ist der Verstand, seinem Wesen nach ein thätiges Vermögen. Auch er bedarf zur Ausübung seiner Thätigkeit der Werkzeuge. Das sind die synthetischen Einheitsbegriffe, die reinen Begriffe, welche die Anschauungen umspannend sie begreifen, verbinden, ordnen. Wie die Sinnlichkeit nur vermöge der beiden Anschauungsformen Eindrücke erhält, so denkt der Verstand mittels der ihm angehörigen Begriffe. Es hiesse deshalb auf die Ergründung des gesammten Erkenntnissvorganges, auf alle Gewissheit in unserer vermeintlichen Erkenntniss der Wahrheit verzichten müssen, dem öden Skepticismus preisgegeben sein —, wenn man diese Stammbegriffe nicht fände!

Zwar schon seit Aristoteles hat man in der Philosophie von ihnen geredet, meint Kant. Aber woher sollen sie denn stammen? Welches ist ihre wahre Bedeutung? Welches ist die Bedingung ihres Gebrauches [1])? Sind sie Alle ent-

---

[1]) Kr. S. 120.   [2]) Pr. S. 81. (v. Kirchmann).

deckt? Sind die genannten alle auch wirklich Verstandesbegriffe?[1]) Aristoteles hat sich diese Fragen nicht vorgelegt.
Er hat seine zehn Kategorien: Substanz, Eigenschaft, Grösse,
Verhältniss, Handlung, Leiden, Wenn, Wo, Lage, Zustand
aufgerafft, wie sie ihm aufstiessen. Die Begriffe: Wann
Wo, Lage sind als zur Anschauung gehörige gar keine Verstandesbegriffe. An anderen fehlt es gänzlich[1]). Ebensowenig hat man nach Aristoteles nach ihrem Ursprunge im
menschlichen Verstande, nach ihrer sachlichen Gültigkeit
gefragt, noch sie — dies geht uns hier vornehmlich an —
nach einem bestimmten Principe aufgesucht und geordnet,
man[2]) hat sie bei mehrerer Aufklärung der Philosophie als
ganz unnütz verworfen. Jene Fragen wollen insgesammt
genau beantwortet sein, man müsste denn eine Rhapsodie[3])
für Wissenschaft ansehen oder auszugeben beabsichtigen.
Kant nimmt den Ruhm, in dieser Frage zuerst ein wissen-
schaftliches Verfahren eingeschlagen zu haben, für sich in
Anspruch. Er beruht wesentlich mit auf seinem Einfalle,
die Erkenntnisstheorie zu ihrem Theile auf die allgemeine
Logik zu stützen.

Die Kategorien — das ist der neue Gedanke Kant's —
treffen als metaphysische Begriffe mit jenen allgemeinen
Functionen des Denkens, d. h. den analytischen Einheitsbegriffen, den Grundbegriffen, völlig zusammen[4]).

Die Anzahl der Kategorien zunächst ist gleich der Zahl
jener Grundbegriffe. Es giebt deren zwölf, also auch zwölf
Kategorien. Denn die Grundbegriffe sind aus dem Urtheilen
und zwar derjenigen Verstandeshandlung abgeleitet, die alle
übrigen in sich enthält und sich nur durch verschiedene
Modificationen, das Mannigfaltige der Vorstellung unter die
Einheit des Denkens überhaupt zu bringen, in zwölf verschiedene Urtheilsformen besondert[5]). Die formale Logik
führt damit alle nur möglichen, verschiedenen Urtheilsformen
auf, in welchen sich allezeit unserer Gedanken Lauf bewegt[6]).
Demnach haben wir in den zwölf, den Grundbegriffen

---

[1]) Kr. S. 122. Pr. S. 80.   [2]) Pr. S. 80.   [3]) Pr. S. 80.   [4]) Kr.
S. 157 § 26.   [5]) Pr. 80 u. f.   [6]) Kr. S. 113.

gleichen Kategorien alle möglichen Stammbegriffe des Verstandes vor uns. Man fragt vielleicht: warum giebt es nur zwölf und nicht mehr oder weniger? Diese Frage muss als ebenso unlösbar zurückgewiesen werden wie die, warum es gerade nur zwölf Urtheilsformen giebt [1]). In einem Hauptstücke der Transscendentalphilosophie der Alten findet sich ein Satz: quodlibet ens est unum, verum, bonum. Danach sollten noch die drei Kategorien: (qualitative) Einheit, Wahrheit, Vollkommenheit hinzugezählt werden. Das darf aber nicht geschehen, aus dem Grunde, weil sie logische Erfordernisse und Kriterien aller Erkenntniss der Dinge überhaupt, allgemeine Regeln der Uebereinstimmung der Erkenntniss mit sich selbst [2]) sind. Ebensowenig sind die sogenannten Reflexionsbegriffe: Einerleiheit, Verschiedenheit, Materie, Form u. s. w. Kategorien, sondern erweisen sich auf gegebene Vorstellungen sich beziehend als rein logische Begriffe [3]).

Eingangs der transscendentalen Analytik hatte Kant unter Anderem die Forderung aufgestellt: die Tafel der Elementarbegriffe oder Kategorien müsse vollständig sein und sie müssen das ganze Feld des reinen Verstandes gänzlich ausfüllen. Von aller Sinnlichkeit gänzlich abgesondert sei er eine für sich selbst beständige, sich selbst genugsame und durch keine äusserlich hinzukommende Zusätze zu vermehrende Einheit. Die Vollständigkeit einer Wissenschaft aber kann nicht auf den Ueberschlag eines bloss durch Versuche zu Stande gebrachten Aggregats hin mit Zuverlässigkeit angenommen werden. Sie ist nur vermittelst einer Idee des Ganzen der Verstandeserkentniss a priori und durch eine bestimmte Ordnung ihrer Begriffe, mithin durch ihren Zusammenhang in einem Systeme möglich. Der Inbegriff einer Erkenntniss wird dann ein unter einer Idee zu befassendes und zu bestimmendes System ausmachen, dessen Vollständigkeit und Gliederung zugleich einen Probirstein der Richtigkeit und Aechtheit aller in sie hineinpassenden Erkenntnissstücke abgeben kann [4]). Was dort Kant gefordert,

---

[1]) Kr. S. 148. § 21.   [2]) Kr. S. 126 u. f.   [3]) Kr. S. 268 ff. Pr. S. 81.
[4]) Kr. S. 110.

28

ist hier geleistet: die Idee des Ganzen der Verstandeserkentniss ist die Tafel der zwölf Grundbegriffe. Durch die
Ordnung der Grundbegriffe wird die Aufstellung der Elementarbegriffe systematisirt. Nun darf die Tafel der Kategorien als ein Probirstein aller Wahrheit angesehen
werden. Welches ist die wahre innere Bedeutung der Kategorien?
Ihrer Natur nach enthalten sie nichts als die logische
Thätigkeit, das Mannigfaltige unter einen Begriff zu bringen [1]),
oder kurz: die Kategorien sind jene Grundbegriffe
der Urtheilsformen. Wie bei den letzteren von allem
Inhalte abstrahirt worden, so sind auch die Verstandesbegriffe blosse denk- oder Gedankenformen [2]). Sie bezeichnen
die Arten, einen Gegenstand überhaupt zu denken [3]). Es
wird durch sie nur das Denken eines Objectes überhaupt
nach verschiedenen Modis ausgedrückt [4]). Auch inhaltlich
stimmen sie mit den Grundbegriffen überein. Das Wesen
der letzteren Formen besteht in der Verbindung mehrerer
Vorstellungen zu einer Einheit. Die Kategorien sind ebenfalls Begriffe der Einheit [5]). Die Grundbegriffe geben den
verschiedenen Vorstellungen in einem Urtheile, die Kategorien
den verschiedenen Vorstellungen in einer Anschauung Einheit:
beide dienen der geordneten Verbindung von Vorstellungen;
sie enthalten beide nichts von Anschauung, sind urtheilende,
nicht vorstellende Begriffe [6]). Die synthetischen Einheiten
des Verstandes sind die analytischen Einheiten der Urtheilsformen. Auch hier wäre die Frage ungereimt: warum es
diese Art Verstandesbegriffe giebt und keine andere? Wer
will nachweisen, warum es gerade die so gearteten zwölf
Urtheilsformen giebt? Niemand vermag es; ebensowenig
ist Jemand im Stande, jene Frage zu beantworten [7]).

Fragen wir endlich nach dem Ursprunge der Kategorien,
so ist die Kenntniss desselben durch die völlige „Zusammen-
treffung" mit den allgemeinen logischen Functionen des
Denkens gesichert. Die Kategorien sind a priori (zur Natur

---

[1]) Kr. S. 255 Anm. †.   [2]) Kr. S. 151, 259.   [3]) Kr. S. 256 Anm.
[4]) Kr. S. 257.   [5]) Kr. S. 147. § 21.   [6]) Kr. S. 120.   [7]) Kr. S. 148. § 21.

des Menschen gehörig) wie die Grundbegriffe als logische
Formen ¹).

Doch Eine Wandlung erfahren die Grundbegriffe, indem
sie zu Verstandesbegriffen werden. Ein Beispiel Kant's
möge vorerst einen Mangel an den Grundbegriffen aufzeigen.
Es heisse ein Urtheil: alle Körper sind theilbar. Es ist ein
kategorisches Urtheil, in welchem das Prädikat auf das
Subject bezogen wird. Seine Grundbegriffe sind: die Substanz und das Accidens. Das Urtheil kann man ohne Weiteres umkehren und sagen: alles Theilbare ist ein Körper.
Logisch darf man sowohl den Begriff „Körper" als auch
den Begriff „Theilbar" einmal als Subject, dann als Prädikat brauchen. Man sieht es keinem von beiden an, welcher
immer als Subject und welcher nur als Prädikat gebraucht
werden soll. Der Grundbegriff: Substanz bezeichnet nur
etwas, das ohne Ausnahme Subject ist ²), Subject kann
logisch alles werden, also auch der Begriff des Theilbaren.
Sonach ist das logische Urtheil unbestimmt, zweideutig.
Dagegen bezeichnet der Verstandesbegriff Substanz etwas,
was in der Anschauung ausschliesslich als Subject, nie als
Prädikat vorkommt. Wenn ich nun den Begriff eines
Körpers darunter bringe, wird durch ihn bestimmt, dass
seine empirische Anschauung in der Erfahrung immer nur
als Subject, niemals als blosses Prädicat betrachtet werden
müsse. Darum muss ich jetzt urtheilen: alle Körper sind
theilbar, nicht umgekehrt. Nun ist das Urtheil bestimmt,
bestimmt nicht durch seine Grundbegriffe, sondern durch
seine Kategorien. Und das bewirken alle Kategorien ³).
Wie ist das möglich? Die logischen Urtheilsformen sind
in Rücksicht alles Objectiven unbestimmt; denn die formale
Logik abstrahirt von allem Inhalte. Sie gelten demnach
als in sich selbst abgeschlossen. Als Kategorie erhält der
Grundbegriff eine Beziehung auf ein Etwas, dessen ganze
Bestimmung — gemäss den Grundsätzen aller Logik —
darin aufgeht, für die Denkform Object zu sein. „Ich bezog
endlich, sagt Kant ⁴), diese Functionen zu urtheilen auf

---

¹) Kr. S. 157. § 26.   ²) Kr. S. 254.   ³) Kr· S. 137.   ⁴) Kr. S. 81.

Objecte überhaupt, oder vielmehr auf die Bedingung, Urtheile als objectiv-gültig zu bestimmen, und es entsprangen reine Verstandesbegriffe." Zum Wesen eines reinen Verstandesbegriffes gehört mithin noch seine Beziehung auf ein Object. Das ist dem Verstande die Anschauung. Wenn die logische Form Erkenntnissform werden soll, muss sie die Möglichkeit einer Beziehung auf die Anschauung empfangen. Sie bringt sie nicht schon mit sich, sondern sie liegt in der Natur des die Anschauungen vermöge einer sie auf- und zusammenfassenden (synthetischen) Einheit [1]) verbindenden Verstandes. Davon kann in der allgemeinen Logik nicht die Rede sein. Hier ist die Grenze, wo der Einfluss der formalen Logik aufhört und die transscendentale ihren Acker mit eigenen Mitteln bestellt.

Der Eintracht beider Wissenschaften geschieht dabei kein Abbruch. Es ist derselbe Verstand, welcher einmal Vorstellungen in der Anschauung, und dann Vorstellungen in den Urtheilen mit einander verbindet; beides sind dieselben Handlungen. Die Verbindung der Anschauungen geht bloss in der Wirklichkeit voraus; durch sie, die wesentlich synthetisch ist, werden überhaupt erst Vorstellungen in dem Bewusstsein zusammengefasst. Die logische Handlung, auf der analytischen Einheit beruhend, löst das so ursprünglich Verbundene auf, um es noch einmal, sei es in Form von Begriffen oder Urtheilen oder Schlüssen, zu verbinden [1]). So beruht letztere auf der ersteren als ihrem Grunde.

Eine ihrer ersten Pflichten sieht die kritische Philosophie in der Bestimmung der Bedingungen, unter welchen die Kategorien bei der Speculation gebraucht werden sollen. Auch sie lassen sich aus der allgemeinen Logik herleiten [2]). Nehmen wir den Begriff der Erkenntniss zu Hilfe. Der Zweck eines Werkzeuges giebt am sichersten Anweisung für seinen Gebrauch. Der Zweck der Kategorien ist die Erkenntniss. Zu ihr gehören immer zwei Stücke: erstens der Begriff oder die Kategorie, wodurch überhaupt ein Gegenstand gedacht wird, und zweitens die Anschauung,

---

[1]) Kr. S. 120. [2]) Pr. S. 81.

wodurch er dem begreifenden Verstande gegeben wird [1]).
Ist es möglich, dass man durch die Kategorie allein etwas
erkennt? Was erkennt man durch die Kategorie, was
nicht? Ueber die Leistungsfähigkeit des Mittels der Erkenntniss giebt nun die formale Logik zur Genüge Aufschluss. Als logische Denkform enthält die Kategorie
keine Spur von Anschauung oder Vorstellung [2]). Sie hat
keine Beziehung auf ein bestimmtes Object in sich [3]). Sie
ist ohne objective Realität [4]). Das zweite nothwendige Er-
forderniss zur Erkenntniss bleibt also unerfüllt. Daraus
folgt, dass man mit der Kategorie allein nichts erkennt.
Die Anschauung erst befähigt die Kategorie zur Anwendung
auf die Gegenstände, giebt ihr objective Realität [5]). Man
erkennt daher mit ihr diejenigen Gegenstände, welche die
Anschauung ihr darbietet. Denn die Anschauung ihrerseits
enthält Erscheinungen, welche als Data zu einem möglichen
Erkenntnisse mit der Kategorie schon a priori in Beziehung
und Einstimmung stehen müssen [6]). Und diese Gegenstände
erkennen wir mit Gewissheit und Sicherheit. Hier ist das
Land der Wahrheit, ein reizender Name [7]). Diejenigen
Gegenstände aber, von denen wir in der Anschauung durch
unsere Sinne nichts wahrnehmen, erkennen wir nicht. Der
Verstand kann aus sich keine Verstandeswesen erzeugen.
Denn Begriffe ohne correspondirende Anschauung wären Gedanken der Form nach, ohne allen Gegenstand [8]). Hiermit
ist im Hinblick auf die Leistungsfähigkeit und den Zweck
der Kategorie ihr Standpunkt genau fixirt. In Ihrem Gebrauche hat man sich danach zu richten, dann erfüllt man
die Bedingungen desselben.

Von hier aus setzt sich Kant mit den tonangebenden
philosophischen Richtungen seiner Zeit kritisch auseinander.
Die dogmatischen Metaphysiker, Leibnitz voran, haben in
einseitiger Verkennung der Grenzen, die man im Gebrauche
der Kategorien zu beachten hat, mit ihnen allein eine Welt
des Uebersinnlichen, der Verstandeswesen, der Nooumena

---

[1]) Kr. S. 148. § 22.   [2]) S. 255 Anm. †.   [3]) S. 253.   [4]) S. 150.
[5]) S. 151 § 24.   [6]) S. 250.   [7]) S. 249.   [8]) S. 149.

aufgebaut. Sie haben die Wissenschaften einer rationalen Psychologie, einer Kosmologie, einer Theologie geführt. Der Grundfehler, den sie begangen, liegt in ihrer unbefangenen Identificirung der beiden Begriffe Denken und Erkennen. Kant leugnet daher derartige Wissenschaften. Zum Angriffe gegen die Sensualisten, welche den Werth der sinnlichen Anschauung für die Erkenntniss wieder überschätzend allein auf Grund sinnlicher Wahrnehmungen die Dinge zu erkennen vermeinen, benutzt Kant auch die formale Logik. Den positiven Begriff eines Nooumenons, wonach er ein jenseits der Sinnenwelt wirklich existirendes Verstandeswesen bezeichnet, hat er nach seinen Voraussetzungen wenigstens unmöglich gemacht. Doch behält er ihn bei, indem er ihm einen anderen Sinn unterlegt. Er überträgt ihn auf Dinge, die nicht Object unserer sinnlichen Anschauung sind und ein besonderes Gebiet des Verstandes einnehmen, wohin die sinnliche Anschauung nicht reicht. Er tritt alsdann als Grenzbegriff auf, um die Anmassungen der Sinnlichkeit einzuschränken [1]). Weil er nur von negativem Gebrauche ist, heisst er Nooumenon in negativer Bedeutung [2]). Wenn man alles Denken aus einer empirischen Erkenntniss wegnimmt, so bleibt gar keine Erkenntniss eines Gegenstandes übrig. Lässt man aber alle Anschauungen weg, so bleibt doch noch die Form des Denkens. Daher erstrecken sich die Kategorien insofern weiter als die sinnliche Anschauung, weil sie Objecte überhaupt denken, ohne noch auf die besondere Art der Sinnlichkeit zu sehen, in der sie gegeben werden mögen. Sie bestimmen daher eine grössere Sphäre von Gegenständen [3]). Sie haben im Denken ein unbegrenztes Feld [4]). Der Begriff eines Nooumenons enthält keinen Widerspruch [5]). Daher bestätigt ihn die allgemeine Logik. In der Schrift: von der falschen Spitzfindigkeit der vier syllogistischen Figuren, hatte Kant bereits die Ursprünglichkeit, Selbstständigkeit, den Artunterschied des logischen Erkenntnissvermögens von der Sinnlichkeit ge-

---

[1]) Kr. S. 264. [2]) S. 262. [3]) Kr. S. 363. [4]) Kr. S. 162 Anm.
[5]) Kr. S. 264.

lehrt: hier tritt unser Grundsatz in seine volle Bedeutung ein. Das zweite Buch der Analytik handelt von der transscendentalen Urtheilskraft. Es ist das Verhältniss anzugeben, welches zwischen ihm und dem bezüglichen Theile der allgemeinen Logik stattfindet. Der Verstand überhaupt ist ein Vermögen der Regeln, das Wort „Regel" braucht Kant oft als Wechselbegriff für Kategorie. Die Urtheilskraft ist das Vermögen, die Regeln anzuwenden, unter sie zu subsumiren, eine bestimmte Anschauung dem reinen Verstandesbegriffe einzuordnen. Die allgemeine Logik beschreibt die Formen der in Urtheilen ausgedrückten Gedanken und stellt sie als nothwendig zu befolgende Regeln für die Praxis des Denkens hin. Sie giebt Anweisung, wie formal ein Urtheil beschaffen sein soll; welchen Inhalt es haben soll, lässt sie, auch von dem allgemeinsten Inhalte abstrahirend, unentschieden. Wollte man dennoch wissen, ob eine ihrer Formen auf einen gegebenen Inhalt anzuwenden sei, so würde es zur Entscheidung ihrer Anwendung oder Nichtanwendung einer Regel bedürfen, deren richtige Anwendung wieder nur durch die Beobachtung einer neuen Regel gesichert wäre. Mit einem Worte: die Urtheilskraft kann von Seiten der allgemeinen Logik keine Vorschriften erhalten. Sie ist ein Talent, welches, unfähig Lehre anzunehmen, von Anfang an vorhanden sein muss und dann nur geübt sein will. Ganz das Gegentheil nehmen wir bei der transscendentalen Urtheilskraft wahr. Hier kommt es gerade darauf an, zur Anwendung einer Regel, eines Verstandesbegriffes, ehe wir irgend eine Erfahrung machen können, den Fall anzuzeigen, wo sie statthaben soll. Das ist die eigenthümliche Aufgabe dieses Theiles der transscendentalen Logik. Sie ist derselben mächtig, weil sich die reinen Verstandesbegriffe a priori auf einen Inhalt, wenn auch der allgemeinsten Art, beziehen. Der Erfahrung steht hier keine Entscheidung zu. Wir sind also hier wieder an die Grenze gekommen, wo die directe Einwirkung der allgemeinen Logik auf die transscendentale aufhört [1].

---

[1] Kr. S. 165 u. ff.

Doch lohnt es, den betretenen Weg weiter zu verfolgen. In allen Subsumtionen eines Gegenstandes unter einen Begriff, sagt Kant, muss die Vorstellung des ersteren mit dem letzteren gleichartig sein ¹). So sind die in einem logischen Urtheile mit einander verbundenen Allgemein- und Einzelvorstellungen ihrer Form als Vorstellungen nach mit einander verwandt. Worin sind aber die allgemeinen und apriorischen Verstandesbegriffe und die bestimmten, empirisch gegebenen Anschauungen gleichartig? In Nichts; sie bilden miteinander einen vollständigen Gegensatz, so dass keine Subsumtion möglich wäre, wenn nicht etwa ein Drittes, das mit dem Einen und dem Anderen in gewissen Rücksichten übereinstimmte, zwischen den beiden Gegensätzen die geforderte Verbindung herstellt. Ein solches Vermittelungsglied giebt es, es ist die Zeit, (wie die Kategorie allgemein und apriorisch und ausserdem als in jeder empirischen Vorstellung oder Erscheinung enthalten der Anschauung gleichgeartet). Die Zeit erhebt Kant daher zum „Schema“ der Verstandesbegriffe, durch dessen Vermittelung allein der reine Verstandesbegriff auf die in der Anschauung gegebenen Gegenstände angewendet werden kann. Er bildet daraus eine neue Art von Begriffen, die Zeitbestimmungen. Sie werden nach der Tafel der Kategorien geordnet und eingetheilt in Zeitbestimmungen der Zeitreihe (Zahl), des Zeitinhalts (Realität in der Zeit), der Zeitordnung (Beharrlichkeit des Realen u. s. w.), des Zeitinbegriffes (Wirklichkeit etc. ²).

Erst in dieser Einkleidung der reinen, allgemeinen Erkenntnissformen in die kosmologische Form der Zeit hält sie Kant zur factischen Erkenntniss der in der Anschauung dem Menschen gegebenen Gegenstände geschickt. So werden sie „realisirt.“ Ihre Ergänzung durch das transscendentale Schema der Zeit ist eine nothwendige Folge der völligen Verallgemeinerung der Kategorien zu logischen Formen. Letztere wiederum ist durch die Ableitung der Kategorien aus den logischen Denkformen in den Urtheilen bedingt.

¹) Kr. S. 168. ²) S. 168 u. ff.

Darum hat man den Schematismus der reinen Verstandesbegriffe als eine nothwendige, aber nur mittelbare Folgerung aus den logischen Voraussetzungen der Vernunftkritik
anzusehen; wie überhaupt alle, die innerlich begründeten
und die nur äusserlich gemachten Bestimmungen innerhalb
des ganzen Systemes der kritischen Philosophie auf Grund
oder nach der Richtschnur der Tafel der Kategorien als in
höherem oder geringerem Grade mittelbare Folgen des Ein-
flusses der allgemeinen Logik zu betrachten sind.
Einige Beispiele mögen veranschaulichen, welche Rolle
die Kategorien in dem Folgenden spielen. Alle Erscheinungen zusammengenommen machen die Sinnenwelt aus.
Sie, ein blosses Erzeugniss der Sinnlichkeit, stellt sich gemäss den psychologischen Voraussetzungen Kant's als eine
Summe von Erscheinungen dar, als ein unendliches Mannigfal-
tiges atomistischer Einzelheiten. Der Verstand ist es, welcher
aus der Sinnenwelt die Natur bildet. Er bringt in die un-
.geordnete Masse der Erscheinungen Ordnung und gesetzmässigen Zusammenhang. Dies geschieht vermöge der Kategorien. Mithin ist die Natur durch den Verstand und seine
Formen bedingt. Der Verstand schreibt der Natur ihre
Gesetze vor,[1]) lautet der bekannte Ausspruch Kant's. Denn
als blosse Vorstellungen stehen die Erscheinungen unter gar
keinen anderen Gesetzen der Verknüpfung als denjenigen,
welche das verknüpfende Vermögen vorschreibt. Die Erscheinungen existiren an sich nicht, sondern nur relativ, in
Bezug auf das Wesen, welches Sinne hat. Dinge an sich
mögen ihre Gesetze ausserhalb eines erkennenden Verstandes
haben. Sie sind uns aber unzugänglich und gänzlich unbe-
kannt; wir wissen nur von Erscheinungen. Für diese aber
sind die Verstandesformen Gesetze so gut wie die Anschauungsformen.[2]) Die Verstandesbegriffe gehen ihm über
in Naturbegriffe. Der Verstand findet ihre Gesetze in sich
selbst: er erkennt in seinen eigenen Gesetzen die Gesetze
der Natur. Während Kant die Metaphysik des Uebersinn-

---

[1]) Pr. S. 76.   [2]) Kr. S. 160 u. 161.

3*

lichen leugnet, lässt er sonach die reine Naturwissenschaft
bestehen, er begründet sie vielmehr von Neuem.
Die Grundzüge der kantischen Naturphilosophie finden
wir in seiner Tafel der Grundsätze. Es sollen alles synthetische Urtheile sein, nicht analytische. Letztere, bei
denen der Prädicatsbegriff im Subjectsbegriff schon enthalten
ist und im Prädicat nur besonders herausgesetzt wird, enthalten keine Erweiterung, bloss eine Verdeutlichung der
Erkenntniss. In den synthetischen Urtheilen — übrigens
eine Unterscheidung, welche die allgemeine Logik nicht
macht, die nicht einmal die Namen dieser Urtheilsformen
kennen darf — geht man im Prädicat über den Subjectsbegriff hinaus und setzt mit ihm etwas schlechthin Neues
in Verbindung, sie dienen zur Erweiterung der Erkenntniss.[1]) Kant stellt nach den vier Titeln der Kategorien
viererlei synthetische Urtheile als Grundsätze der Naturwissenschaft auf, und nur solche Grundsätze, welche von den
Kategorien abgeleitet werden können. Die äussere Anor-
dnung und Reihenfolge hängt ebenfalls von der Ordnung der
Kategorien ab. Innerhalb der Grundsätze selbst erscheinen
sie in ihrer Verquickung mit dem Schema, wie folgt:
1) Axiom der Anschauung:
   Alle Anschauungen sind extensive Grössen.
2) Anticipation der Wahrnehmung:
   In allen Erscheinungen hat das Reale, was ein Gegenstand der Empfindung ist, intensive Grösse,
   d. i. einen Grad.
3) Analogien der Erfahrung:
   Erfahrung ist nur durch die Vorstellung einer nothwendigen Verknüpfung der Wahrnehmungen möglich.
   A. Bei allem Wechsel der Erscheinungen beharrt die
Substanz, und das Quantum derselben wird in der Natur
weder vermehrt noch vermindert.
   B. Alle Veränderungen geschehen nach dem Gesetze
der Verknüpfung der Ursache und Wirkung.

---

[1]) Kr. S. 160.

C. Alle Substanzen, sofern sie im Raume als zugleich wahrgenommen werden können, sind in durchgängiger Wechselwirkung.

Diese drei Analogien der Erfahrung sind nichts Anderes als Grundsätze der Bestimmung des Daseins der Erscheinungen in der Zeit, nach allen drei Modis derselben, dem Verhältnisse zu der Zeit selbst, als einer Grösse (die Grösse des Daseins d. i. Dauer), dem Verhältnisse in der Zeit, als einer Reihe (nach einander), endlich auch in ihr, als einem Inbegriffe ihres Daseins (zugleich).

4) Die Postulate des empirischen Denkens überhaupt:

a. Was mit den formalen Bedingungen der Erfahrung (der Anschauung und dem Begriffe nach) übereinkommt, ist möglich.

b. Was mit den materialen Bedingungen der Erfahrung (der Empfindung) zusammenhängt, ist wirklich.

c. Dessen Zusammenhang mit dem Wirklichen nach allgemeinen Bedingungen der Erfahrung bestimmt ist, ist (existirt) nothwendig."

Welches sind denn nun aber die Gründe, aus welchen sich Kant berechtigt hält, die Verstandesbegriffe aus den analytischen Einheitsbegriffen herzuleiten? Er behauptet: es ist dasselbe Vermögen, derselbe Verstand, welcher die Vorstellungen eint, einmal die Vorstellungen in einem Urtheile, dann die Vorstellungen in einer Anschauung. Ferner ist es immer dieselbe Weise der Handlung, welche der Verstand ausübt: die Function der Einheit. Im logischen Urtheile verbindet der Verstand vermittelst der analytischen Einheiten das Mannigfaltige der Vorstellungen, in der Anschauung vermittelst der synthetischen Einheiten. „Auf diese Weise" entspringen gerade so viel reine Verstandesbegriffe, als es analytische Einheiten oder logische Urtheilsformen giebt.[1]

Die Entdeckung der Kategorien in den Grundbegriffen giebt Kant den Fingerzeig für seine weiteren Forschungen

---

[1] Kr. S. 120 f.

38

in der transscendentalen Dialektik. 'Nachdem ich den Ursprung der Kategorien, sagt er[1]), in den vier logischen
Functionen aller Urtheile des Verstandes gefunden hatte, so
war es ganz natürlich, den Ursprung der Ideen in den drei
Functionen der Vernunftschlüsse zu suchen. Wenn man sie
nicht für angeboren halten wolle, müsse man sie in derjenigen Vernunfthandlung aufsuchen, die den logischen Charakter
der Vernunftschlüsse bildet.' Die Vernunftschlüsse hatte
Kant in kategorische, hypothetische und disjunctive eingetheilt. In den kategorischen findet er die Idee eines vollständigen Subjectes, eines Substantiale, in den hypothetischen
die Idee einer vollständigen Reihe der Bedingungen, in den
disjunctiven die Idee eines vollständigen Inbegriffs des Möglichen. Die erste Idee ist psychologisch, die zweite kosmo-
logisch, die dritte theologisch. Daher die Eintheilung der
gesammten Dialektik in Psychologie, Kosmologie und Theologie. Das Vermögen der Vernunft ist hiermit vollständig
erschöpft. Es giebt keine weiteren Ideen, als diese drei.
In den Systemen der Metaphysik früherer und seiner Zeit
hat man die Vernunftideen mit den Verstandesbegriffen
ohne Unterschied durcheinanderlaufen lassen, als gehörten
sie wie Geschwister zu einer Familie. Diese Vermengung
hätte auch niemals vermieden werden können. Er selbst
sei erst durch seinen Begriff der Kategorien dahin geführt
worden, in den Vernunftideen ein ganz anderes Wesen zu
erkennen. Nach diesem habe er denn die so nothwendige
Absonderung der Verstandesbegriffe von denen der Vernunft
vollziehen können.[2])
    Welches ist das Wesen der Ideen? Die Erkenntniss
der Seele als einer einfachen Substanz trägt zur Erklärung
der psychologischen Erscheinungen nichts bei, auch nicht
die Erkenntniss des Weltanfanges und der Ewigkeit zur
Erklärung der Begebenheiten und Ereignisse innerhalb der
Welt. Die Ideen leisten für die Erfahrung nicht dasselbe
wie die Kategorien, welche die Erfahrung gerade möglich
machen. Wenn nun jene über den Erfahrungsgebrauch

---

[1]) Pr. S. 88, § 43.   [2]) Pr. S. 84.

hinausgingen und diese allein für die Erfahrung, wie es feststeht, gelten, so würde ein Widerspruch zwischen beiden vorzuliegen scheinen. In unserer Natur darf aber kein Widerspruch obwalten. Die Vernunft muss zur Vollendung des Verstandes beitragen. Zwar dadurch wird die Vernunft nicht dem Widerspruche ausweichen, dass sie Ideen für vollkommene Wesen, die etwa ausserhalb des Erfahrungsgebietes existirten, hervorbrächte. Sondern die Sache verhält sich so: jede einzelne Erfahrung ist nur ein Theil von der ganzen Sphäre der Erfahrung. Das absolute Ganze aller möglichen Erfahrung, welches man sich sehr wohl denken kann und nicht erdichtet ist, ist selbst für die Erfahrung unzugänglich. Zur Vorstellung des Ganzen der Erfahrung reicht keine Kategorie aus. Da tritt denn zur Bezeichnung desselben die Idee ein. Die Ideen drücken das vollkommen und unbedingt aus, was die Kategorien nur bruchstückweise, discursiv leisten. Nicht als ob die Idee thatsächlich alle Anschauungen von Gegenständen dem ideenreichen Subjecte darböte, sondern es ist die Vollständigkeit ihrer Principien gemeint.[1]) So ist die Vernunft das Vermögen der Einheit der Verstandesregeln wie der Verstand ein Vermögen der Einheit der Erscheinungen vermittelst der Regeln. Denn der Verstand macht für die Vernunft ebenso einen Gegenstand aus wie die Sinnlichkeit für den Verstand.[2]) Die logische Thätigkeit der Vernunft erstreckte sich auf die Begriffe und Urtheile des logisch reflectirenden Verstandes: ihre transscendentale richtet sich auf die Kategorien des Verstandes. In ihrer logischen Thätigkeit neigte sie dem Unbedingten zu: in ihrer transscendentalen strebt sie gleicherweise nach dem Unendlichen.

In den Paralogismen der reinen Vernunft unterwirft Kant die rationale Psychologie seiner Kritik. Er stellt eine Topik der Seelenlehre auf, woraus alles Uebrige, was sie enthält, abgeleitet werden müsse. Sie ist der Kategorientafel nachgebildet. Die Kategorie der Substanz macht ausnahmsweise den Anfang, weil dadurch ein Ding an sich

---

[1]) Pr. S. 91. [2]) Kr. S. 526, 511.

selbst, hier die Seele, überhaupt erst vorgestellt wird, um seine Prädicate zu erhalten. Sie lautet folgendermassen: 1) Die Seele ist Substanz. 2) Ihrer Qualität nach einfach. 3) Den verschiedenen Zeiten nach, in welchen sie da ist, numerisch-identisch, d. i. Einheit (nicht Vielheit). 4) Im Verhältnisse zu möglichen Gegenständen im Raume.[1])

Kosmologische Ideen giebt es auch nur vier — nach den vier Titeln der Kategorien: 1) Die absolute Vollständigkeit der Zusammensetzung des gegebenen Ganzen aller Erscheinungen. Die absolute Vollständigkeit der Theilung eines gegebenen Ganzen in der Erscheinung. 3) Die absolute Vollständigkeit der Entstehung einer Erscheinung überhaupt. 4) Die absolute Vollständigkeit der Abhängigkeit des Daseins des Veränderlichen in der Erscheinung.[2])

Die Vernunftprincipien der Homogeneität, der Specification und der Continuität, welche nicht — gemäss platonischer, dogmatischer Denkweise — das System der Dinge, sondern das System unserer Erkenntnisse gemäss den kritischen Grundsätzen liefern, betrachtet Kant als Voraussetzungen, die man um der gleichnamigen logischen Principien willen machen müsse.

Mit welcher Befugniss verlangt die Vernunft in ihrer logischen Thätigkeit, dass man in der Mannigfaltigkeit der Kräfte, welche die Natur zu erkennen giebt, eine, nur versteckte Einheit sehe und sie womöglich aus einer Grundkraft ableite, wenn sie selbst nach den Gesetzen des logischen Denkens den Begriff einer Welt, in welcher alle Kräfte ungleich wären, als einen, der sich nicht widerspricht, bilden darf? Es lässt sich gewiss der Fall denken, wonach unter den mannigfaltigen Dingen eine so grosse Verschiedenheit stattfindet, dass selbst der allerschärfste Verstand durch Vergleichung der einen mit den anderen nicht die geringste Aehnlichkeit ausfindig machen könnte. Wie aber bestände denn thatsächlich das logische Princip der Gattungen? Warum ist gerade dieses entstanden und nicht sein Gegen-

---

[1]) Kr. S. 325.   [2]) Kr. S. 351.

theil? Wie könnte es Allgemeinbegriffe geben, ja selbst
einen Verstand? Auf Grund der Thatsache des logischen Principes der Einheit muss man das Erkennt-
nissprincip der Einheit aller Dinge annehmen, eine Voraussetzung, die man auf bewunderungswürdige Weise in den
Grundsätzen der Philosophen versteckt wiederfindet. Man
darf nicht sagen, die Vernunft habe ihr Princip der Einheit
der zufälligen Beschaffenheit der Natur nachgebildet. Ehe
die Vernunft danach sucht, bedarf sie eines Gesetzes, danach zu suchen. Das logische Princip geht also der Erfahrung voran und treibt dazu und leitet sie.

Während eine Partei unter den Naturforschern, diesem
Gesetze huldigend, alle Verschiedenheiten der Dinge auf
die Einheit der Gattungen zurückzuführen sucht, legt es
eine andere — es sind vorzüglich empirische Köpfe —
darauf an., die Natur in so viele Mannigfaltigkeiten zu
spalten, dass man beinah die Hoffnung aufgeben muss, ihre
Erscheinungen nach allgemeinen Principien zu beurtheilen.
Solcher Denkungsart liegt offenbar auch ein logisches Princip
zu Grunde; es ist das der Arten, der Specification. Die
Gattungsbegriffe fordern um ihres eigenen Daseins willen
Artbegriffe, diese verschiedene Unterarten von Begriffen.
Und da ja kein Begriff als völlig bestimmt angesehen werden kann, so darf man selbst den untersten Artbegriff noch
nicht für den letzten ansehen. Die Dinge müssen daher
verschieden sein. Denn sonst hätte das logische Gesetz von
der Verschiedenheit der Begriffe keinen Sinn und fände niemals Anwendung. Die Erkenntniss der Erscheinungen fordert gradezu eine unaufhörlich fortzusetzende Specification,
nähere Angaben der Unterschiede ihrer Begriffe und bewegt
den Naturforscher, immer tiefer in die feinsten Unterschiede
der Dinge einzudringen. Dieses Gesetz kann ebenfalls nicht
der Erfahrung entstammen; denn sie ist nicht im Stande
so weitgehende Eröffnungen zu machen.

Beide Gesetze, nach deren einem die einzelnen Dinge
in einem allumfassenden Pan aufgingen, während das andere
die Welt in eine unbestimmte Menge grundverschiedener
Atome auflöste, widerstreiten einander. Jedes von ihnen

verleitet den Forscher, ihm allein zu folgen. Daher die einseitigen Naturauffassungen, die einander befehden, weil sie sich nicht verstehen. Das dritte Princip der Continuität macht die Naturphilosophie überhaupt erst zur Wissenschaft. Es gebietet einen fortwährenden, ununterbrochenen Uebergang von einer Art zu der anderen, indem die Inhalte der mannigfach in den Dingen mit einander vereinigten Eigenschaften stufenweise, gradweise vom Nullwerthe bis zu ihrer höchstmöglichen Vollkommenheit wachsen. Danach sind die Dinge einander gleich und verschieden, sie sind mit einander verwandt. Das Gesetz der Continuität vermittelt demnach die beiden vorigen widerstreitenden Standpunkte und verhütet, dass man sich einseitig auf dem einen oder dem anderen festsetzt. Es beruht nicht auf empirischer Erfahrung. Denn dann würde es nach der Vollendung der Systeme aufgestellt werden müssen. Dagegen spricht der Umstand, dass es erst eine wissenschaftliche Naturbetrachtung überhaupt ermöglicht. Es ist vielmehr eine Voraussetzung, die man wegen der Thatsache des logischen Principes von der Verwandtschaft der Begriffe anzunehmen gezwungen wird [1]).

III.

Zu allem Dem ist nun zunächst Zweierlei zu bemerken. Erstens: Von der ersten Hauptdenkform, der Form des Begriffes, hat Kant merkwürdiger Weise so unmittelbar wie von den Formen der Urtheile und Schlüsse keine metaphysischen Begriffe abgeleitet. Die Form des Begriffes ist wol für seine Untersuchung nicht verschwunden, wie Lotze ohne Weiteres in seiner Metaphysik (S. 31) behauptet. Wenigstens hat Kant von dem logischen Grundbegriffe, welcher die Einheit einer Urtheilsform darstellen soll, den metaphysischen Begriff der Kategorie abgezogen. Das hingegen ist auffällig, dass die Form des Begriffes in erster Linie übergangen und dass der Grundbegriff auf einem Umwege, unter Vermittelung der Urtheilsform für die Untersuchung ge-

wonnen wird. Und das muss umsomehr auffallen, als Kant
aus den wechselseitigen Verhältnissen aller Begriffe zusammen, aus ihrer Einheit, ihren Unterschieden, ihrer Verwandtschaft — ohne Mittelglied — die erkenntnisstheoretischen Principien der Homogeneität, Specification und Continuität oder Affinität als Voraussetzungen zur Erklärung
der Welt der Dinge gefolgert hat. Wenn ihn dazu die
Formen, in welchen uns die Gesammtheit aller Begriffe erscheint, bewogen; warum sollte ihm die Form des einzelnen
an sich dann nicht um so eher über metaphysiche Verhältnisse haben Aufschluss geben können? Dass er diese Lücke
in der Parallelisirung der logischen Formen mit den metaphysischen gelassen hat, ist vielleicht so zu erklären: Wenn
man ein Erkenntnissvermögen ins Spiel setzt, meint er, so
thun sich nach den verschiedenen Anlässen verschiedene
Begriffe hervor, welche dieses Vermögen kennbar machen [1]).
Nun verwirft er zwar in dem Zusammenhange, wohinein
die citirte Stelle gehört, ein derartiges Verfahren, zu den
Kategorien zu gelangen, als ein unwissenschaftliches. Er
selbst setzt doch aber gemäss den Anweisungen der allgemeinen Logik das Denkvermögen des Urtheilens in allen
Variationen ins Spiel, um so die Grundbegriffe festzustellen,
und stützt sich dabei auf das Ansehen, welches die Wissenschaft der Logik allgemach erlangt hat. Er billigt also ein
solches Verfahren, wenn es nicht auf gut Glück, sondern
nach einer sicheren Regel und Richtschnur eingeschlagen
wird. Wenn endlich das Urtheilen die höchste Verstandeshandlung ist, in welcher alle anderen inbegriffen sind, so
sieht man freilich nicht ein, wo da noch andere Erkenntnissformen gleichen Ansehens zu finden wären, und möchte die
Methode Kant's anerkennen, wenn es nur wahr wäre, dass
das Urtheilen ausschliesslich eine so hervorragende Stellung
einnimmt. Kant glaubt es deswegen, weil der Verstand,
nach seiner Meinung, gemäss seiner eigensten Natur ein
thätiges Erkenntnissvermögen ist; erkennen aber heisst thätig
sein. Der Begriff ist ein fertiger Besitz des Verstandes

---

[1]) Kr. S. 111.

und nicht eine Thätigkeit desselben wie das Urtheilen. Im Begriffe allein haben wir zudem noch keine Erkenntniss, da er sich ja nie auf einen Gegenstand unmittelbar bezieht; erst das Urtheilen bringt Erkenntniss hervor. Es scheint: in dem Urtheilen, nicht im Begriffe offenbart sich der Verstand als ein Vermögen der Erkenntniss und zwar ursprünglich.

Zweitens. Die Bedeutung, welche der Schluss innerhalb des Ganzen erlangt hat, ist eine wesentlich andere als die des Urtheils und bricht dem Werke Kant's die Spitze ab. Das Schliessen, meint er, sei zwar auch eine Denkhandlung, eine Handlung der Vernunft. Die Vernunft „erkennt" jedoch nicht, nur der Verstand, weil er allein unmittelbar auf die Erscheinungen sich bezieht. Will die Vernunft erkennen, so ist das eine unerlaubte Anmassung. Es ist dieses psychologische Vorurtheil, welches Kant verleitet hat, nicht eine Analytik der Vernunft wie die des Verstandes als eine Logik der Wahrheit zu schreiben, sondern eine Logik des Scheins zur Vernichtung ihrer Ansprüche, auch theilzunehmen an der Erkenntniss der Wahrheit.

Um nunmehr einzelne Bestimmungen näher zu prüfen, so steht und fällt jede Kategorie mit ihrer Voraussetzung in der Tafel der Urtheilsformen. Zur Untersuchung der Richtigkeit der letzteren diene Kant's eigene Erklärung der Form eines Urtheils als Massstab. Hinsichtlich der Form war das Urtheil die in der Copula „ist" sprachlich hervorgehobene, objective Einheit zweier Vorstellungen, von denen die eine, die höhere, das Prädicat, die andere, die niedere, das Subject, in sich begreift. Die Form wird ersichtlich von beiden Begriffen gebildet. Ihre besondere Art und Beschaffenheit wird von der besonderen Gestaltung des Verhältnisses beider Vorstellungen zu einander abhängen. Sind die § 9 der Kritik der reinen Vernunft aufgeführten verschiedenen Urtheilsformen nach dieser Norm wirklich unterschieden worden?

Die Eintheilung der Urtheile in allgemeine, besondere und einzelne ist bedingt durch den Unterschied des Umfanges des Subjectsbegriffes. Nur die Eine Vorstellung, der

Subjectsbegriff, giebt den Ausschlag. Man muss anerkennen, dass diese Unterscheidung die Form des Urtheils in dem angegebenen Sinne nicht trifft. Höchstens wird man sagen: der Grad der Zugehörigkeit des Prädicatsbegriffes zum Subjectsbegriffe ist im allgemeinen Urtheile ein höherer als im besonderen und einzelnen. Urtheile ich einmal: alle Menschen sind vernunftbegabte Wesen, und dann: einige Menschen sind gelehrt, so bezeichne ich gewiss mit dem Prädicate „vernunftbegabte Wesen" etwas der menschlichen Natur mehr Eigenthümliches als mit dem Prädicate der Gelehrsamkeit. Im ersten Urtheile nimmt das Subject eine intensivere Geltung seines Prädicatsbegriffes in Anspruch, als dies im zweiten der Fall ist. Mag diese logische Bestimmtheit des allgemeinen gegenüber dem besonderen und des besonderen gegenüber dem einzelnen Urtheile als Voraussetzung für metaphysische Begriffe führen, wohin sie will: Kant hat diese innere Giltigkeit in ihrer Verschiedenheit bei diesen Urtheilen nicht hervorgehoben. Er hat die in dem jedesmaligen Urtheile durch den Subjectsbegriff bezeichneten Gegenstände gezählt und damit einen äusserlichen, höchst untergeordneten Gesichtspunkt verfolgt, der nicht berechtigt, diese quantitativen Urtheile anderen viel wichtigeren Urtheilen beizuordnen. Ueberdies begeht er gewiss einen neuen Fehler, wenn er die allgemeinen von den einzelnen Urtheilen aus dem Grunde absondert, weil die Grösse, der Umfang der Erkenntniss, welche die einen und die andern liefern, verschieden sei, obgleich sie, logisch betrachtet, einander gleichen. Es sollen doch gerade logische Voraussetzungen gemacht werden und keine erkenntnisstheoretischen, wie vom Umfange einer Erkenntniss. Die Frage nach diesem hat er ja ausdrücklich als eine transscendentale anerkannt. Eine Unterscheidung aus erkenntnisstheoretischem Interesse an dieser Stelle setzt schon voraus, was erst erschlossen werden soll.

Das verneinende Urtheil besagt, dass man sich zwei Begriffe mit einander in einem Object verbunden nicht denkt. Die sachliche Verbindung beider, die in einem bejahenden Urtheile wirklich möglich oder scheinbar möglich ist, hebt es als eine nicht wirkliche oder vielmehr in der Wirklichkeit nicht geltende auf. Gegen die sachliche Giltigkeit einer bejahenden Urtheilsform richtet sich sonach die Verneinung und nicht gegen eine besondere Art der Begriffsverbindung, um eine andere besondere an deren Stelle zu setzen. Der Unterschied zwischen den bejahenden und verneinenden Urtheilen ist ein sachlicher, kein formaler. Die unendlichen Urtheile hält man meist für ein schlechtes Kunststück der Logik. Mit der nun folgenden dritten Klasse der Urtheilsformen kommt endlich das Wesentliche zur Sprache. Ihr Name, „Urtheile des Verhältnisses" zeigt an, dass hier zwei Vorstellungen (oder zwei und mehrere Urtheile) in ihrem gegenseitigen Verhältniss betrachtet werden sollen. Dasselbe kann nur von beiden Vorstellungen zusammen gebildet werden. Somit ist die eine Bedingung erfüllt. Das kategorische Urtheil ist das erste dieser Art. Es ist das Verhältniss von Subjects- und Prädicatsbegriffen. Wir brauchen es zum Ausdruck unserer inneren und äusseren Wahrnehmungen und zwar vor allen anderen Urtheilsformen am häufigsten. Die Vorstellungsinhalte sind in der Wahrnehmung gegeben, auch eine Art von Verbindung derselben. Im Denken wiederholen wir, indem es in eigner Kraft die gegebenen Inhalte auffasst und verarbeitet, ihre Verbindung noch einmal und stellen sie uns in unserem Bewusstsein gegenständlich gegenüber. Damit gehen beide gegebenen Inhalte in eine neue Daseinsform über. Sie sind in die Welt des Vorstellbaren aufgenommen. Die Wahrnehmung konnte uns nur ihr Zusammensein aufzeigen, das Denken verbindet sie als zusammengehörige. Ihr Verhältniss ist ein gesetzmässiges. So ist für das kategorische Urtheil auch die zweite Bedingung erfüllt.

Es spricht die Thatsache der Zusammengehörigkeit zweier Vorstellungen aus. Damit fühlt sich indessen das Denken noch nicht befriedigt. Es fordert noch den Grund, worauf die Thatsache der Zusammengehörigkeit beruht. Diesen Mangel beseitigt die Form des hypothetischen Urtheils. In einem neuen Urtheile giebt es den Grund an, warum die zwei Begriffe eines kategorischen wie zusammengehörige verbunden werden. Die Geltung des letzteren ist so an die Geltung des ersteren geknüpft, wie die Folge von ihrem

Grunde abhängt. Das Verhältniss beider Urtheile wird vom Gesetze des Grundes und der Folge beherrscht. Gegen die Unterscheidung des hypothetischen Urtheils vom kategorischen erhebt Trendelenburg Widerspruch „Das zweite Bedenken, sagt er (Gesch. d. Kateg. S. 291), trifft das kategorische und hypothetische Urtheil als zwei unterschiedene Arten der Relation. Die Grenzen sind schwer zu ziehen. Jedes kategorische Urtheil schliesst eine Hypothesis in sich und die hypothetischen Urtheile lassen sich in kategorische verwandeln. Man vergleiche den doppelten gleichgeltenden Ausdruck des pythagoreischen Lehrsatzes: Wenn ein Dreieck rechtwinklig ist, so ist das Quadrat der Hypotenuse der Summe der Quadrate der beiden Katheten gleich (hypothetisch) und: das rechtwinklige Dreieck hat die Eigenschaft, dass u. s. w. (kategorisch). Beide Formen bilden zusammen Eine Art." Gewiss schliesst jedes kategorische Urtheil eine Hypothesis in sich. Es können zwei Vorstellungen nicht als zusammengehörige mit einander verbunden werden, wenn in beiden nicht von vornherein die Zusammengehörigkeit begründet ist. Aber in dem kategorischen Urtheil denkt man den an sich bestehenden Grund nicht mit, sondern die zweite Form vollbringt erst in einem besonderen Urtheile diese specifisch reflectirende Denkhandlung. Das kategorische und hypothetische Urtheil unterscheiden sich wie eine Behauptung und eine begründete Behauptung. Den zweiten mit dem ersten in enger Verbindung stehenden Einwand anlangend, möge als Beispiel das bequemere hypothetische Urtheil dienen: Wenn es eine Gerechtigkeit giebt, wird der Böse bestraft. Dafür soll man nach Trendelenburg ebenso gut sagen können: die Gerechtigkeit bewirkt die Bestrafung des Bösen. Behauptet wird, dass die Form des letzteren Urtheils mit der des ersteren sich deckt. Für den Satz: der Böse wird bestraft, findet der reflectirende Verstand den Grund in dem Bedingungssatze: wenn es eine Gerechtigkeit giebt — und lässt ihn nun ohne Zweifel gelten. Aber der zweite Satz befriedigt den Verstand noch nicht; denn er stellt ihm ja die neue Aufgabe zu beantworten: warum bewirkt die Gerechtigkeit die Bestrafung des Bösen? Das

kategorische Urtheil fordert ein hypothetisches zu
seiner Ergänzung: Wenn (od. weil) der Böse das Gesetz
übertreten, bewirkt die Gerechtigkeit seine Bestrafung. Die
beiden Denkformen decken einander nicht. Es ist
eine Täuschung zu glauben, dass die eine Form in die andere übergehen könne. Das ist auch in diesem Beispiel nicht
geschehen. Vielmehr hat der Inhalt des hypothetischen
Urtheils: die Gerechtigkeit, der Böse, das Bestrafen eine
andere Form, die des kategorischen Urtheils angenommen.
Das ist darum möglich, weil von einem weiter erhöhten
Standpunkte der Reflexion aus das Verhältniss eines bestimmten Grundes und einer bestimmten Folge als kein nothwen-
diges mehr und eines weiteren, tiefer liegenden Grundes
bedürftig erscheint. So lange dieser nicht gefunden ist oder
wenn er nicht mitgedacht wird in dem Falle, dass man ihn
kennt, wird das Verhältniss kein anderes als ein kategorisches sein.

Das disjunctive Urtheil ist aus mehreren Urtheilen zu-
sammengesetzt, deren gegenseitiges Verhältniss das Gesetz
der Wechselwirkung regelt. Z. B.: die Körper sind entweder
feste oder flüssige oder gasförmige. Hierüber lassen sich
folgende Betrachtungen anstellen: die Gegenstände, welche
bestimmte Eindrücke bewirken und die rückwirkende Thätigkeit des Verstandes zu einem Urtheile veranlassen, sind die
Körper. Sie erscheinen dem wahrnehmenden Subjecte als
feste, als flüssige, als gasförmige. Jede dieser Erscheinungen
bezeichnet einen Aggregatszustand von Körpern. Diese drei
sind alle möglichen Aggregatszustände, die Körper annehmen
können. Innerhalb der gemeinschaftlichen Beziehung sind
sie von gleicher Giltigkeit, und es bilden alle drei zusammen
wechselseitige Unterschiede, wonach ein Zustand den anderen
ausschliesst: der feste Aggregatszustand ist nicht zugleich
der gasförmige u. s. w. In dem Urtheile nun soll den wirklichen Körpern einer ihrer möglichen Aggregatszustände als
wirklich an ihnen vorhanden zugeschrieben werden; es ist
gleichgiltig, welcher es sein soll. Dann darf es nicht lauten:
die Körper sind entweder feste oder flüssige. Denn da im
Subjecte alle Körper ohne Ausnahme gemeint sind, entstände

der Widerspruch, als ob die im Prädicate nicht bezeichneten gasförmigen Gegenstände keine Körper wären, während sie es doch sind. Man muss vielmehr urtheilen: die Körper sind entweder feste oder flüssige oder gasförmige. Im Prädicate fordert, wenn nicht das Ganze der im Subjectsbegriffe bezeichneten Vorstellungsinhalte aufgelöst und zerstört werden soll, die Setzung des einen Zustandes die gleichzeitige Setzung der beiden anderen. Darin besteht die positive Art der logischen Wechselwirkung. Das Urtheil spricht den Körpern von ihren möglichen Zuständen nur einen als den wirklichen zu und schliesst damit die anderen aus. Denn als Gegensätze können sie nicht ein und dasselbe zusammen sein. Dies ist die negative Art logischer Wechselwirkung. Alle drei Urtheile bilden ein Ganzes, welches aus einander fordernden und doch wieder ausschliessenden Theilen besteht. Seine drei Theile stehen in gegenseitiger Abhängigkeit, der eine bedingt den anderen. Insofern ist das disjunctive Urtheil von dem hypothetischen unterschieden. Es repräsentirt eine neue dritte Urtheilsform neben den beiden vorhergehenden.

Die modalen Urtheile endlich sollen nichts zum Inhalte des Urtheils, d. h. der Urtheilsform beitragen. Denn ausser der Grösse, Beschaffenheit und dem Verhältnisse sei nichts mehr, was den Inhalt des Urtheils ausmacht. Die Modalität der Urtheile geht den Werth der Copula in Bezug auf das Denken überhaupt an. Es scheint, als ob sie das Urtheil als solches gar nicht angeht. Der problematische Satz beruht auf der freien Wahl des urtheilenden Subjectes, ihn anzunehmen oder nicht; der assertorische besagt logische Wirklichkeit oder Wahrheit; der apodictische denkt sich den assertorischen durch die Gesetze des Verstandes selbst bestimmt und drückt, a priori behauptend, die Nothwendigkeit aus. Die Modalität verlegt den Schwerpunkt des Urtheils ausschliesslich in das denkende Subject. Dem widerspricht die § 19 der Kritik gegebene Erklärung, nach welcher in einem Urtheile zwei Vorstellungen ohne Rücksicht auf den Zustand des Urtheilenden verbunden sind. Denn seine Wahlfreiheit, seine Nöthigung sind subjective Zustände und als solche ungewiss. Der eine sieht sich gezwungen, ein bestimmtes Urtheil zu fällen, der Andere es zu leugnen; obenein haben beide die Sache nicht gründlich untersucht und sprechen in Wahrheit blosse Behauptungen aus. Aus dieser Urtheilsform lässt sich darüber gar nichts erkennen. Darum sind besondere Verba „müssen, können" zum Ausdruck der der Urtheilsform gleichgiltigen Modalität nöthig. Dann aber ist sie einfach kategorisch.

Gemäss seiner eigenen Erklärung des Urtheils hätte also Kant die quantitativen, qualitativen und modalen Urtheile als besondere Urtheilsformen als blosse Modificationen der Einen Verstandeshandlung, das Mannigfache der Vorstellungen zu einer Einheit zu verbinden, nicht aufführen dürfen. Sie, sammt ihren analytischen Einheitsbegriffen sind ein Widerspruch innerhalb seiner Voraussetzungen und ihre Kategorien auf eine ungenügende Weise gerechtfertigt. Nur die Urtheilsformen, die Grundbegriffe und die Kategorien der Relation entsprechen dem von Kant angenommen Massstabe.

Warum aber Kant ein Recht hat, der allgemeinen Logik einen solchen höheren Beruf in der Erkenntnisslehre zuzuerkennen, das möge in Kürze folgende Erwägung befürworten: Denken kann man Alles, das was ist, sowie das, was nicht ist; aber erkennen nur das Seiende. Die gesammte Welt des Vorstellbaren bildet den Inhalt des Denkens; die Erkenntniss umfasst nur die Wirklichkeit. Es scheint, da doch die Wirklichkeit von dem bloss Vorstellbaren wesentlich unterschieden ist, dass die Formen des Erkennens andere sein müssten, als die Formen des Denkens. Was könnte denn aber ein Gegenstand des Erkennens werden, wenn es nicht vor allen Dingen in jene reinen Formen des Denkens eingegangen wäre?[1]) Wir müssen Alles, was erkannt werden soll, zuerst in die Formen des Begriffes, des Urtheils bringen, eher ist die wissenschaftliche Ueberlegung, das Erkennen nicht möglich. Die Denkformen sind also ein nothwendiger Bestandtheil der Erkenntnissformen. Sie sind die äussersten, allgemeinsten, allumfassenden Formen der Erkenntniss. Es ist eine natürliche Voraussetzung, sie in einem geordneten Zusammenhange mit den übrigen Bestimmtheiten des Erkenntnissvermögens zu denken. Sie werden gewiss in den ganzen Apparat der Erkenntniss hineinpassen. Dann wird auch in ihnen, wie in jedem Theile eines organisch gebildeten Ganzen, der Plan des Ganzen der Erkenntniss ausgeprägt und sichtbar sein. Man wird im Stande sein, von ihnen, wenn sie bekannt sind, auf die übrigen, unbekannten Bestimmtheiten des Denkens zu schliessen. Dazu kommt, dass sich die Denkformen hierzu besonders durch den nicht zu unterschätzenden Umstand empfehlen, dass in Bezug auf sie in den verschiedenen philosophischen Systemen verhältnissmässig die grösste Uebereinstimmung herrscht. Die Ableitung der Erkenntnissformen von den Denkformen endlich führt, wie Trendelenburg behauptet, an sich gar nicht zu „dem Irrthume, dass vor subjectiver Zuthat das Ding an sich nicht erkannt werden könne". Im Gegentheil führt eine wiederum natürliche Vermuthung, dass die Denkform auch dem Denkinhalte, also auch dem Wirklichen entsprechen wird, welcher Vermuthung Kant nur nicht Raum gegeben hat, zu der Ueberzeugung, mit solchen Erkenntnissformen die Dinge an sich erkennen, wenigstens, was wir von den Dingen erfahren, als Wahrheit erfahren zu können. In ihrer Allgemeinheit sind sie andererseits zu unbestimmt und unzureichend, das Wirkliche vollkommen zu erfassen: die Denkformen bedürfen weiterer Bestimmungen, einer Ergänzung durch die kosmologischen Formen der Zeit, des Raumes, der Bewegung. Der sogenannte Schematismus der Verstandesbegriffe ist nicht bloss im Systeme Kant's, sondern überhaupt nothwendig; aber Kant hätte ihn nicht allein auf die Zeit beschränken sollen.

Curriculum vitae.

Natus sum Gustavus Schenke Saganensis a. d. III. Cal. Dec. anno 1848 patre Augusto. Gymnasio usus sum Saganensi, unde anno 1869 Berolinum, ut theologiae operam darem, profectus sum. Deinde Halis duos annos in theologiam et philosophiam incubui. Triennio absoluto et examine theologico primo sustento nunc ad summos in philosophia honores rite capessendos animum induco.

337785

Thesen.

I.

Kantium categorias revera genetice idque jure deduxisse affirmo.

II.

Dictum: „nihil est in intellectu, quod non antea fuerit in sensibus" repugnat universali causalitatis principio. .

III.

Scepticismus nihil aliud esse potest quam animi affectus.

IV.

Kantium voluptatem a virtute sejunxisse nego.

V.

Deum esse personalem non obest conceptui entis absoluti.